Escola

Ricardo Girotto

Atividades manuais e educativas para fazer longe da TV e dos jogos eletrônicos

Fábrica de Brinquedos

divirta-se com as datas comemorativas

transforme cacarecos em brinquedos

GIRASSOL

**Para Victoria e Henrique,
que sempre me inspiraram e ajudaram
na construção de brinquedos.
E também a Patricia... que aturou
minha bagunça!**

**Dados Internacionais de Catalogação na Publicação (CIP)
(Câmara Brasileira do Livro, SP, Brasil)**

Girotto, Ricardo
Fábrica de brinquedos / Ricardo Girotto ;
ilustrações do autor. – Barueri, SP :
Girassol, 2016.

ISBN 978-85-394-1944-9

1. Atividades criativas na sala de aula
2. Brinquedos - Confecção I. Título.

16-04271 CDD-745.592

Índices para catálogo sistemático:
1. Arte-educação : Brinquedos : Confecção :
Artes 745.592

EDIÇÃO ORIGINAL PUBLICADA POR GIRASSOL BRASIL EDIÇÕES LTDA.
AL. MADEIRA, 162, 17° ANDAR, SALA 1702
ALPHAVILLE - BARUERI/SP - 06454-010
LEITOR@GIRASSOLBRASIL.COM.BR
WWW.GIRASSOLBRASIL.COM.BR

Diretora editorial: Karine Gonçalves Pansa
Coordenadora editorial: Carolina Cespedes
Editora assistente: Ana Paula Uchoa
Coordenação de arte: Patricia Benigno Girotto
Modelo: Henrique Benigno Girotto
Revisão: Aline Coelho

Impresso no Brasil

SUMÁRIO

PÁGINA 4 — DICAS IMPORTANTES

PÁGINA 10 — JANEIRO – dia do astronauta: móbile do sistema solar

PÁGINA 12 — FEVEREIRO – Carnaval: mamulengo

PÁGINA 14 — MARÇO – dia da escola: escola e alunos

PÁGINA 18 — ABRIL – dia da mentira: Pinóquio-bilboquê

PÁGINA 21 — MAIO – dia mundial do trabalho: carrinho de mão

PÁGINA 24 — JUNHO – dia mundial do meio ambiente: árvore e animais

PÁGINA 27 — JULHO – dia de Santos Dumont: 14-bis e Santos Dumont

PÁGINA 30 — AGOSTO – dia do folclore: teatro e personagens folclóricos

PÁGINA 34 — SETEMBRO – dia nacional do trânsito: veículos, placas e estrada

PÁGINA 38 — OUTUBRO – dia mundial dos animais: animais-dedoches

PÁGINA 41 — NOVEMBRO – dia da música: violão

PÁGINA 44 — DEZEMBRO – dia do palhaço: máscaras

PÁGINA 48 — O AUTOR

Dicas importantes

Os brinquedos propostos neste livro são confeccionados com diversos materiais reaproveitáveis, aquelas coisas que se transformariam em lixo e poluentes do meio ambiente. Antes de começar, leia atentamente todas as dicas e separe tudo o que vai precisar. Se você não sabe como fazer bolinhas de papel – o que eu não acredito –, tem dúvidas nas medições, cortes, colagem, pintura... ou nunca fez papietagem, é só ler com atenção as informações das próximas páginas e resolver as questões. Vamos lá?

Ricardo Girotto

Instrumentos e material de trabalho

Você vai precisar de lápis, régua, tesoura sem ponta, pincéis de vários tamanhos, fita-crepe (ou outros tipos de fita adesiva), cola branca, papel toalha (folha simples), barbante, tinta guache ou acrílica de várias cores, varetas de bambu, palitos de churrasco, copos plásticos para lavar pincéis e misturar tintas...

Matéria-prima: lixo reaproveitável

Reúna embalagens de iogurte, sorvete, pasta de dente, detergente, tampas de garrafas PET, de amaciante, palitos, rolinhos de papel higiênico, canudinhos, caixas de sapato, de pizza, retrós de linha vazio, botões, retalhos de tecido, jornal velho, papelão... Cada brinquedo traz indicados os materiais necessários.

HARMONIA ENTRE OS DETALHES E CONJUNTO

Quer inventar um brinquedo? Desenhe antes para ver como fica. Preste atenção na proporção de cada parte em relação ao todo. Mesmo se quiser exagerar em alguns detalhes, é preciso haver harmonia no conjunto.

O rosto e sua expressão são muito importantes nos personagens. Estude antes, por exemplo, a colocação ou a pintura dos olhos e das sobrancelhas, seu formato e posição.

As partes de uma construção, como janelas, porta e telhado, também precisam ter proporção harmoniosa.

Já pensou se o ninho fosse menor que o passarinho ou o macaco maior que a árvore?

MEDIDAS

As medidas são muito importantes na construção de qualquer coisa. Com lápis ou caneta e régua, marque tudo direitinho antes de cortar e colar, senão seu brinquedo pode não ficar do jeito que você espera.

Marque as áreas que você deseja recortar e as que servirão de base para outras aplicações, como detalhes a serem colados.

Para fazer círculos, você pode contornar algum objeto redondo, como tampas e pratos. Ou pode usar um compasso para fazer as marcações de corte.

Você sabe medir círculos? Se você colocar a régua entre as bordas do círculo, terá o diâmetro dele.

FURAR E CORTAR

Furar e cortar materiais pode não ser tão simples quanto parece. Há embalagens plásticas mais rígidas que outras, papelão grosso e duro, tecidos que desfiam... Para evitar que você se machuque e garantir que furos e cortes fiquem certinhos, peça a ajuda de um adulto.

PEÇA AJUDA DE UM ADULTO

Para deixar o palito de madeira do tamanho que você quiser, faça um leve corte na medida com a tesoura e quebre na marca com as mãos. Lixe sempre os palitos cortados.

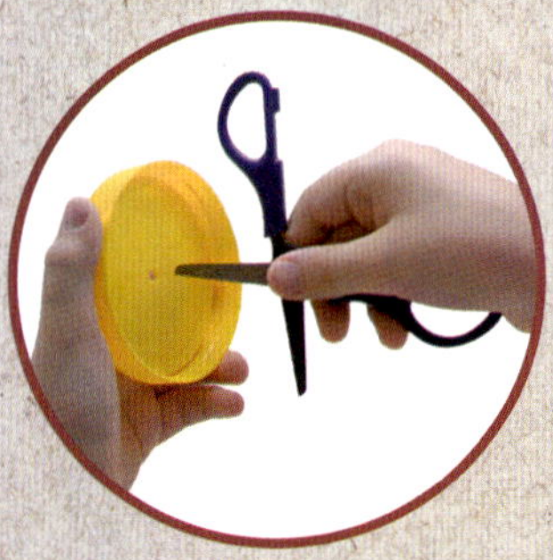

Para furar tampas plásticas, encaixe a ponta da tesoura no local a ser furado, já marcado a lápis ou caneta. Gire até que o furo fique do tamanho que você precisa.

Se o material for menos rígido, você também pode fazer furos usando a ponta de um lápis. Encaixe a ponta no local a ser perfurado e gire com cuidado para não amassar.

Para fazer as letras da palavra "teatro", por exemplo, use papelão fino, que é mais fácil de recortar. Para áreas maiores, como o telhado da escola, utilize papelão mais grosso, pois não entorta.

Quando você for recortar material plástico, procure os mais flexíveis, pois são mais fáceis de cortar e você não corre o risco de se machucar. Pressione a ponta da tesoura e corte a partir do furo.

CANUDOS DE PAPEL

Canudos feitos de papel ficam resistentes e podem funcionar como braços, pernas, galhos de árvore, suportes de carrinho de mão e muitas outras coisas.

1

Enrole a folha de revista ou de jornal em torno de um lápis. Para que o canudo fique uniforme, enrole sempre na horizontal ou na vertical do papel. Quando o canudo estiver formado, retire o lápis. Você pode usar um outro lápis para empurrá-lo para fora do canudo.

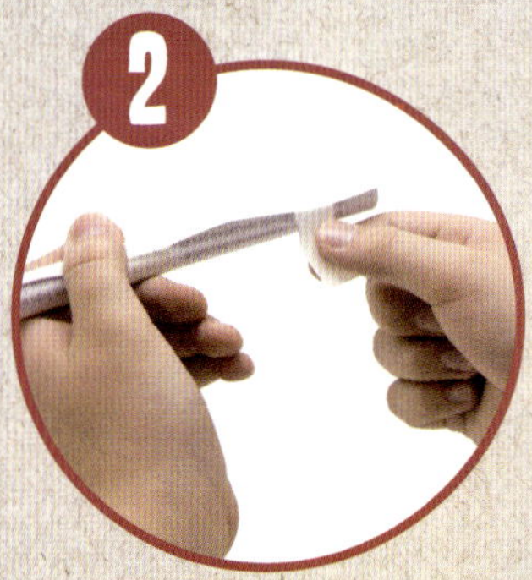

2

Cole com fita adesiva as pontas e o centro do canudo, para não desenrolar. O ideal é fazer os canudos em tamanho grande e depois recortá-los para deixar do tamanho que você precisa. Se quiser canudos mais finos, use um espeto de churrasco.

Bolas de papel

Fáceis de fazer, as bolas de papel entram na construção de cabeça, nariz, orelhas, bichinhos, planetas, pedras...

Bolas grandes, como o Sol do móbile (p. 10), podem ser feitas de folhas de jornal. Nas bolas pequenas, como a cabeça do saci (p. 30), o ideal é usar papel toalha, que é mais maleável. As bolas bem pequenas, como nariz e orelhinhas do saci, podem ser feitas apenas com fita adesiva ou crepe. Para dar forma à bola, é só enrolar pedaços de papel ou fita.

1

2

Quando a bola estiver do tamanho que você deseja, ajeite todas as pontas com fita adesiva ou fita-crepe. Se ela estiver torta, você pode moldá-la com as palmas das mãos, molhadas em água, como se fosse um bolinho de massa. Depois da bola seca, prenda-a no seu trabalho com cola, fita adesiva ou fita-crepe.

Colagem

Todo mundo gosta de colar, mas é bom saber alguns macetes: se você quiser uma colagem mais rápida, não misture água na cola branca (o tempo de secagem vai depender do clima). Para colar plástico em outro plástico, ou plástico em tecido, deixe um pouco de cola secando em um copinho; quando estiver meio puxa-puxa, passe nas duas partes a serem coladas e fixe-as. Ah, nunca exagere na quantidade de cola.

Para montar o brinquedo, você pode usar cola branca e fita adesiva ou crepe. Para fixar os detalhes, melhor usar cola bastão. Se você não tem muito tempo, a fita-crepe ou adesiva é mais prática e rápida, pois não escorre e não é preciso esperar que seque, como a cola.

Você também pode colar as partes menores quando o brinquedo já estiver montado e pintado, como botões para fazer os olhos, pedaços de tecido para cabelos, roupas...

CUIDADO!

Na nossa fábrica usamos apenas cola fria. A colagem com pistola de cola quente pode provocar queimaduras e até choque elétrico.

Papietagem

Esta é uma excelente técnica para dar acabamento aos brinquedos. Consiste em colar papel sobre papel, para cobrir as falhas e fixar os materiais utilizados, além de dar a forma final ao brinquedo. Diversas camadas de papel e cola sobre um brinquedo de sucata produzem uma estrutura muito resistente e uniforme depois de seca.

1

Rasgue pequenos pedaços de papel. Não use tesoura, pois o papel rasgado resulta em melhor junção das fibras quando colado.

2

Com um pincel, espalhe uma camada de cola branca sobre o brinquedo. Cubra-o com os pedaços de papel, sempre com a ajuda do pincel molhado com cola. Acompanhe os contornos e detalhes até que toda a peça esteja coberta.

3

Elimine as pequenas falhas e preencha os espaços vazios, passando sobre eles o dedo umedecido em água. A papietagem está pronta, mas é preciso deixar secar. O tempo de secagem depende do clima: se estiver quente, em menos de uma hora estará seco.

- ✓ Papéis mais resistentes, como o jornal, são melhores para áreas grandes e retas. Use sempre pedaços pequenos para evitar bolhas e rugas.
- ✓ Papéis mais finos, como o papel toalha e similares, são ideais para áreas pequenas, com curvas ou detalhes.
- ✓ Usando como exemplo o brinquedo da p. 14, podemos papietar os telhados e as paredes com jornal e a bandeira, o mastro e as janelas, com papel toalha.
- ✓ Quando usar diferentes tipos de papel, faça outra papietagem em todo o brinquedo com papel toalha, para evitar diferença de textura na hora de pintar.

A técnica de papietagem é antiga e mais simples que a do papel machê. Era usada para fazer máscaras de festas e de teatro. O pintor francês Georges Braque (1882-1963) foi um dos primeiros artistas plásticos modernos a utilizar papéis colados em seus quadros.

PINTURA

A tinta guache e a tinta acrílica são solúveis em água, não são tóxicas e têm secagem rápida. As duas são ótimas, porém a acrílica é mais resistente à água depois de seca e suas cores são mais brilhantes. Geralmente, as tintas já vêm prontas para o uso, mas você pode deixá-las mais ralas acrescentando um pouco de água. Se quiser, misture uma tinta com outra para criar novas cores.

vermelho + amarelo = laranja
vermelho + azul = violeta
azul + amarelo = verde

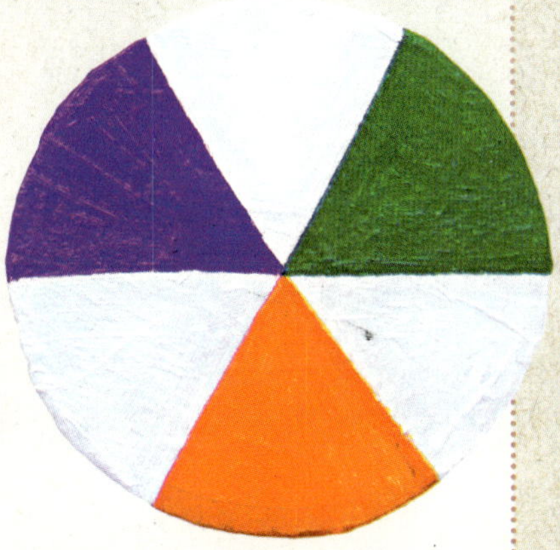

As cores primárias são vermelho, azul e amarelo. A partir delas, você pode criar muitas outras cores.

As cores secundárias (criadas a partir de duas cores primárias) são violeta, verde e laranja.

1. Dê duas demãos de tinta branca em todo o brinquedo para preencher possíveis falhas e garantir melhor acabamento na hora de colorir.

2. Depois que a tinta branca tiver secado, desenhe a lápis cada detalhe do brinquedo, para servir como base da pintura.

3. Sempre comece com as cores mais claras. Depois pinte as áreas mais escuras, deixando por último o preto. Espere secar uma área para começar a pintar outra, para evitar borrões e que a tinta se misture.

4. É o pincel correto que define o melhor acabamento. Corrija pequenas falhas com um pincel fino e use-o para fazer os detalhes.

Sempre lave e seque seu pincel antes de guardar ou de usar em outra cor.

9 de janeiro

Dia do astronauta

Um astronauta é a pessoa que viaja pelo espaço. A palavra astronauta vem de astronomia, que é a ciência que estuda o Universo, os astros... É uma das ciências mais antigas e que muito tem ajudado para a evolução do conhecimento humano.

Outras datas do mês

1º Dia mundial da paz/ Dia da confraternização universal
6 Dia de Reis
7 Dia do leitor
21 Dia mundial da religião
25 Dia da Constituição
30 Dia da não violência

Faça seu móbile do sistema solar

Materiais

- tampa de caixa de pizza
- fios de náilon
- papel toalha

Movimento

Nada fica parado no Universo. Foi a partir da observação do movimento da Lua, do Sol e da Terra que nossos antepassados criaram os calendários.

COMO FAZER

1

Faça nove bolas de papel de tamanhos diferentes e cole com fita-crepe. As bolas deste móbile têm os seguintes diâmetros e representações: Sol (9 cm) e os planetas Mercúrio (2,5 cm), Vênus (3,5 cm), Terra (4 cm), Marte (3 cm), Júpiter (7 cm), Saturno (6 cm sem anel), Urano (5 cm) e Netuno (4,5 cm).

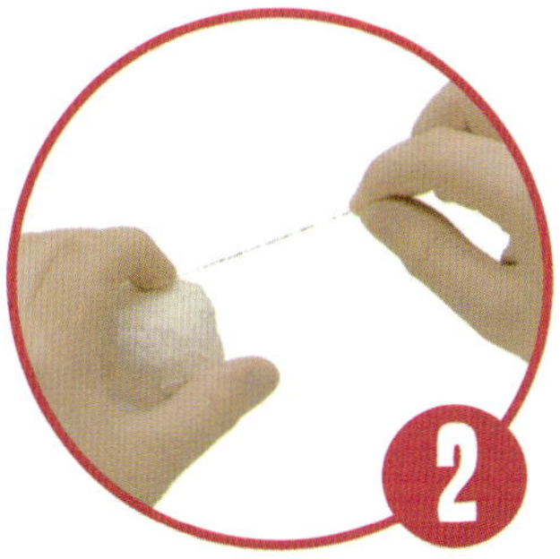

2

Corte fios longos de náilon e enrole-os nas bolinhas de papel, deixando uma sobra de 80 cm para pendurar. Passe fita-crepe para fixar bem.

3

Para fazer os anéis do planeta Saturno, meça e corte um círculo de papelão com 8 cm de diâmetro. Depois, nesse mesmo círculo, meça e corte outro internamente com 6 cm, ou seja, do tamanho da bola. Encaixe a bola e cole-os com fita-crepe. Faça a papietagem nas bolinhas e pinte cada planeta.

JANEIRO

Como você sabe, a Terra é um planeta. E um planeta azul, como declarou o russo Yuri Gagarin, o primeiro homem a viajar para o espaço: ele deu uma volta completa em torno da Terra, em 1961.

ATENÇÃO

O nosso móbile do sistema solar não tem escala real. Se tivesse, as medidas das bolas seriam: Sol (80 cm), Mercúrio (0,29 cm), Vênus (0,7 cm), Terra (0,73 cm), Marte (0,39 cm), Júpiter (8,20 cm), Saturno (6,9 cm), Urano (2,9 cm) e Netuno (2,8 cm).

4

Recorte a borda da tampa da caixa de pizza. Depois faça a papietagem e pinte com uma cor escura, para imitar o Universo.

5

Para fixar os planetas, faça furinhos para passar os fios de náilon. Comece pelo Sol, bem ao centro. Distribua os outros de acordo com a sua distância do Sol: Mercúrio é o menor e o mais próximo, depois vêm Vênus, Terra e Marte, seguidos por Júpiter, Saturno, Urano e Netuno, este o mais distante do Sol. Prenda os planetas em diferentes alturas.

6

Faça quatro furos nas bordas da tampa, mantendo as mesmas medidas entre um e outro. Amarre quatro pedaços de 50 cm de fio de náilon e junte-os com um nó. Agora é só pedir para um adulto pendurar no teto do seu quarto ou no lugar que você achar mais legal.

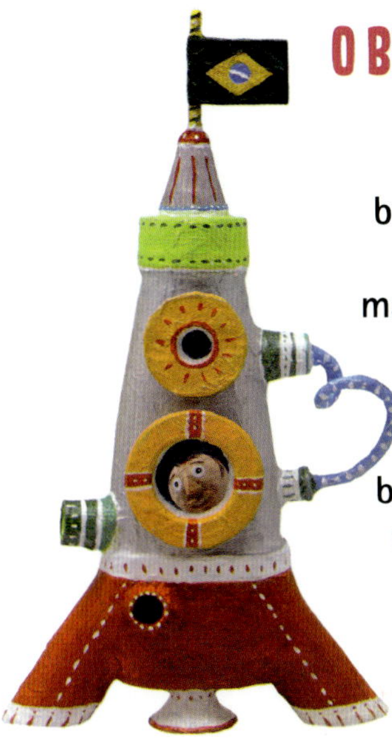

O BRASIL NO ESPAÇO

Marcos Pontes foi o primeiro astronauta brasileiro a viajar para o espaço. Em 30 de março de 2006, Pontes partiu em direção à Estação Espacial Internacional, uma base de pesquisa, para realizar experimentos científicos. Retornou em 8 de abril.

fevereiro

CARNAVAL

FAÇA SEU MAMULENGO

O Carnaval é uma das festas populares mais conhecidas do Brasil. Trazido pelos portugueses no século XVII, tinha o nome de entrudo. A brincadeira era jogar nas pessoas água, farinha e o que houvesse por perto. Mais tarde, surgiram o confete e a serpentina. Hoje a festa é diferente em cada região do Brasil.

OUTRAS DATAS DO MÊS

2 Dia de Iemanjá
15 Dia do nascimento de Galileu Galilei
19 Dia do esportista
27 Dia nacional do livro didático

A primeira música
feita para o Carnaval.

Ó Abre Alas
de Chiquinha Gonzaga (1899)

Ó abre alas que eu quero passar
Ó abre alas que eu quero passar
Eu sou da lira não posso negar
Eu sou da lira não posso negar
[...]

MATERIAIS

- ✓ 1 rolo vazio de papel higiênico
- ✓ 2 tampas de pasta de dente
- ✓ 1 tampa de amaciante de roupas
- ✓ 1 tampa de garrafa PET
- ✓ 1 vareta de bambu de 50 cm
- ✓ 1 palito de churrasco
- ✓ barbante
- ✓ papelão
- ✓ folhas de jornal ou de revista
- ✓ retalhos de tecido
- ✓ botões

Os mamulengos são a grande atração do Carnaval nas cidades pernambucanas de Recife e Olinda. Eles desfilam no meio do povo ao som do frevo e do maracatu.

COMO FAZER

1 Comece pelas orelhas do boneco: no rolo de papel higiênico cole as tampas de pasta de dente com fita-crepe. Para o nariz, use um pedaço de papelão em forma de losango. A boca e as sobrancelhas serão tirinhas de papel coladas no rolo.

2 Recorte um círculo de papelão do mesmo tamanho do buraco do rolo e faça um pequeno furo no meio. Cole com fita-crepe na parte de baixo da cabeça, onde irá o pescoço.

3 Para o pescoço, faça um furo no meio da tampa da garrafa PET. Espete nela a vareta de bambu e depois encaixe no furo da parte de baixo da cabeça. Cole com fita-crepe, deixando bem alinhado e firme.

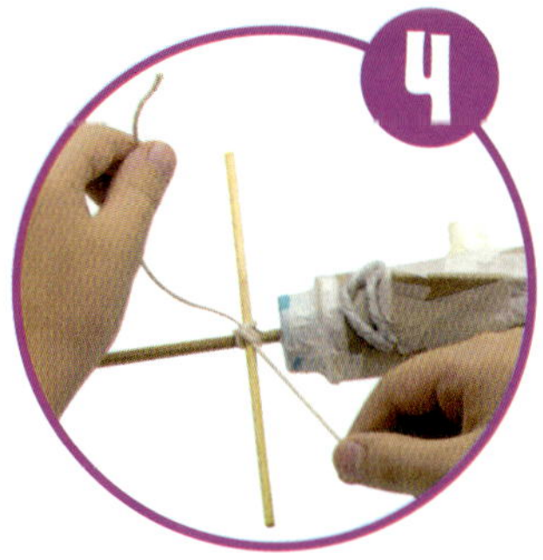

4 Corte a ponta do palito de churrasco e amarre com barbante na vareta para fazer os ombros. Firme o nó com um pouco de cola. A estrutura do corpo está pronta, você pode papietar e pintar a cabeça e o pescoço.

5 Para os braços, faça dois canudos com folha de jornal, com 15 cm de comprimento cada. No papelão, desenhe e recorte as mãos e cole com fita-crepe nos braços. Prenda na ponta deles um pedaço de barbante de 15 cm.

6 Depois de papietar e pintar braços e mãos, faça o chapéu: recorte um círculo de papelão com 8 cm de diâmetro, e cole sobre ele a tampa do amaciante de roupas usando fita-crepe. Depois é só papietar e pintar.

7 No rosto, cole botões para os olhos. Com todos os detalhes da face prontos, faça os cabelos com tiras de tecido. Cole as pontas do cabelo dentro da abertura do rolo. Depois cole o chapéu.

8 Para as mangas da camisa, corte dois retalhos de tecido de 15 x 7 cm. Enrole um em cada braço e cole com cola branca.

9 Amarre o barbante dos braços na vareta dos ombros, um em cada ponta, observando a posição das mãos, para que os dedos não fiquem invertidos.

10 Junte dois retalhos de tecido, de 15 x 25 cm, na frente e nas costas do boneco, prendendo-os com cola nos ombros e nas laterais, de modo a esconder o barbante. Cole botões na roupa para enfeitar. Pronto!

A PALAVRA "CARNAVAL"

Uma das versões para a origem da palavra é que "carnaval", *carne levare* em latim, significa "carne, adeus", pois antigamente, da Quarta-feira de Cinzas até o domingo de Páscoa, os católicos não consumiam carne.

Dia da ESCOLA

Tem quem não goste de ir à escola. Esperneia, chora, inventa mil desculpas para faltar às aulas... Mas é na escola que a gente aprende muitas disciplinas, valores, convive com todo tipo de colegas, faz grandes amigos... Na escola, o mundo fica imensamente maior!

Outras datas do mês

- **8** Dia internacional da mulher
- **20/21** Início do outono
- **21** Dia mundial da poesia
- **22** Dia mundial da água
- **27** Dia mundial do teatro
- **27** Dia nacional do circo
- Páscoa (data móvel)

A água é responsável pela vida no nosso planeta. Sem ela não haveria plantas, animais e seres humanos. Por isso, o equilíbrio e o futuro da vida na Terra dependem da preservação da água. Não a desperdice!

Materiais

- 1 caixa de sapato de adulto
- 4 caixas de fósforos vazias
- 4 varetas ou palitos de churrasco
- 1 tampinha de pasta de dente
- 2 palitos de sanduíche ou de dente
- 1 botão
- papelão

Faça sua escola

COMO FAZER

Com régua e lápis, faça as marcações no fundo da caixa para a frente do prédio. Onde ficará o telhado, meça 6 cm de cada lateral da caixa para o centro e risque como mostra a foto. Depois, recorte.

Para as janelas da frente, marque e recorte retângulos de 4 x 6 cm, com espaço de 10 cm abaixo da parte mais alta do telhado. Para a porta, faça um retângulo de 6 x 8 cm, com espaço de 3 cm acima do chão (veja no detalhe), e depois recorte.

A palavra **"escola"** surgiu na Grécia antiga. Sabe o que significava? Você vai rir: algo como o "lugar da preguiça". Isso porque as pessoas iam à "escola" quando não tinham nada para fazer, então aproveitavam para pensar.

Para fazer o telhado, recorte um pedaço de 20 x 13 cm de papelão e dobre ao meio (veja no detalhe). Encaixe o telhado na caixa (o beiral deve ficar com cerca de 1 cm na frente e dos lados) e cole com fita-crepe por baixo do beiral. Reforce com fita-crepe a parte interna do telhado.

Cole a caixa em pé sobre um papelão de 23 x 20 cm, centralizando as laterais e deixando um espaço de 7 cm na frente. Para fazer a cumeeira, que é o centro do telhado, recorte um pedaço de papelão de 2 x 13 cm, dobre ao meio e cole sobre a dobra do telhado com cola ou fita-crepe (veja no detalhe).

Para fazer as janelas das salas de aula, retire a parte interna das caixinhas de fósforos e recorte 1 cm em diagonal da parte externa de um dos lados, como mostra o detalhe. Faça isso para as quatro janelas laterais. Fixe com cola ou fita-crepe duas caixinhas de fósforos de cada lado da caixa, no sentido vertical, deixando uma distância de cerca de 8 cm entre elas.

Acima das caixinhas, cole, com fita-crepe ou cola, um pedaço de papelão de 6 x 3 cm sobre a parte diagonal de cada uma, como mostra a foto. Assim você terá um "telhadinho" para proteger as janelas da chuva e enfeitar.

O Colégio Pedro II, na cidade do Rio de Janeiro, é a escola brasileira mais antiga ainda em atividade. Foi fundado no século XIX, em 1837.

LENDA ESCOLAR

Você já ouviu falar na loira do banheiro? Conta a lenda que uma garota loira, para não assistir às aulas, ficava escondida no banheiro. Até que um dia a menina morreu e passou a assombrar os banheiros das escolas. Dizem que ela aparece para assustar os alunos que ficam chamando, diante do espelho, querendo vê-la.

7

Para a escada, cole com fita-crepe a parte interna de uma caixinha de fósforos de cabeça para baixo, bem diante da porta. Recorte metade de outra parte interna de uma caixinha de fósforos no sentido do comprimento. Alinhe sobre o primeiro degrau, como mostra o detalhe, e cole com fita-crepe.

8

Para fazer o piso interno, recorte um pedaço de papelão da mesma largura e profundidade da caixa de sapato. Encaixe e cole com fita-crepe, deixando o piso no mesmo nível do último degrau da escada. Cole um pedaço de papelão, para tampar o espaço vazio que ficou atrás depois do piso colado.

9

Para completar as janelas, cole um pedaço de papelão de 2 x 3 cm no centro de cada caixinha de fósforos (veja no detalhe). Para o rodapé externo do prédio, recorte tiras de papelão com 3 cm de altura e vá colando na parte de baixo da parede.

10

Para enfeitar e reforçar a estrutura, corte tirinhas de papelão com cerca de 0,5 cm e cole com fita-crepe nas paredes entre as janelas e o telhado. Faça isso também um pouco abaixo das janelas, como mostra o detalhe. Vale ainda colar tirinhas de papelão ao redor das janelas e da porta, fazendo uma espécie de moldura.

A ESCOLA NO BRASIL

A primeira escola brasileira foi fundada pelos jesuítas em Salvador (BA), em 1549. Além de religião, eles ensinavam a ler, a escrever e a fazer contas.

Para fazer o telhadinho da porta, recorte um pedaço de papelão de 8 x 4 cm e cole com fita-crepe em cima da abertura da entrada, como no detalhe. Depois cole dois pedaços de palito de churrasco, com 8 cm cada, entre o telhadinho e o degrau maior. Se quiser, coloque um pedaço de papelão nas laterais do telhadinho, como na foto.

Abaixo do telhado, você pode fazer um cruzeiro colando tirinhas de papelão com um botão no centro delas. Para a bandeira, recorte um papelão, de 4 x 3 cm, e cole com fita-crepe em um pedaço de palito de churrasco de 15 cm, que será o mastro. Desenhe a bandeira do Brasil, do seu estado ou outra que quiser. Espete a bandeira no telhado e cole com fita-crepe por dentro.

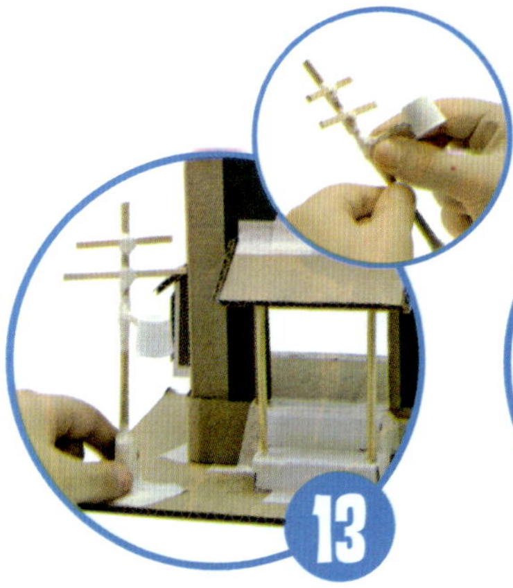

Para o poste de eletricidade, enrole algumas vezes a fita-crepe em uma das pontas de um palito de churrasco de 13 cm. Cole no poste, com fita-crepe, pedaços de dois palitos de sanduíche, de 6 cm e de 4 cm, o menor em cima e o maior embaixo. Para fazer a luminária, cole uma tampinha de pasta de dente em um pedaço de palito de 2 cm e prenda com fita-crepe no poste (veja no detalhe). Depois, basta colar o poste diante da escola.

Depois de papietar e pintar tudo, você pode inventar um nome para a sua escola. Escreva o nome com uma tinta de cor diferente direto na parede ou desenhe e recorte o letreiro em papelão já pintado e depois cole na fachada. Sua escola está pronta!

Faça os alunos

Material

- ✓ Pregadores de roupa de madeira

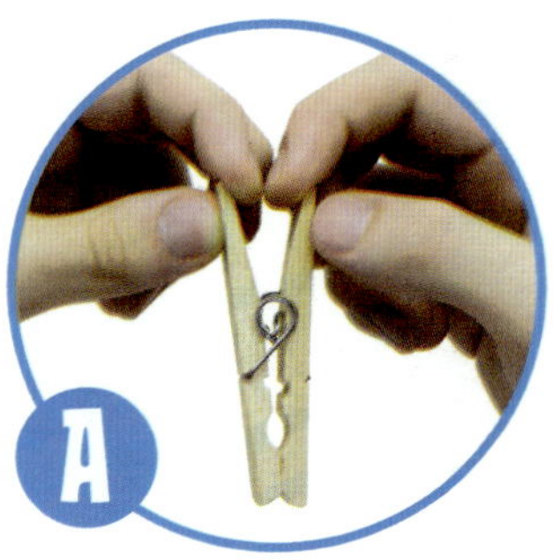

Desmonte as duas partes do pregador de roupa.

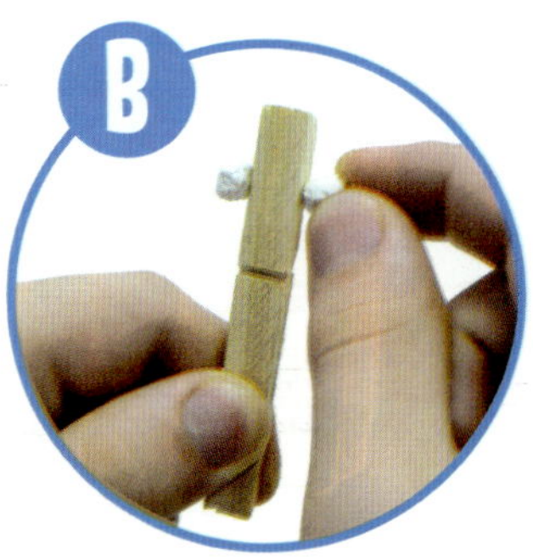

Faça duas bolinhas de papel e cole em cada lado do pregador, para as orelhas.

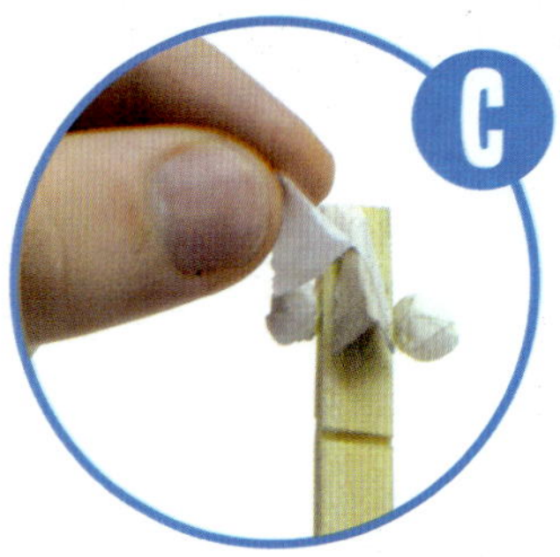

Para o nariz, use um pedacinho de papelão e cole com fita-crepe no centro do pregador.

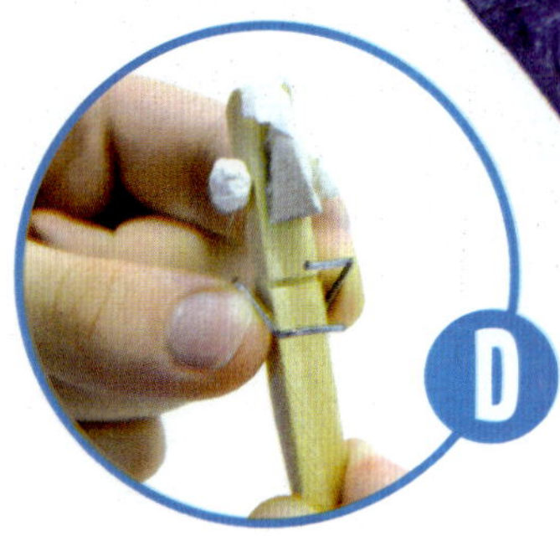

Os braços são os araminhos do próprio pregador. Agora é só papietar, desenhar e pintar os detalhes do rosto e do corpo com as cores e do jeito que você quiser.

1º de abril

Dia da Mentira

Ninguém sabe ao certo como a brincadeira começou, mas o dia da mentira tem mais de 400 anos e existe em vários países. Diziam que aquele que não aceitasse as brincadeiras nesse dia teria má sorte. E você, já caiu em alguma brincadeira de 1º de abril?

Outras datas do mês

2 Dia internacional do livro infantil/Nascimento de Hans C. Andersen (1805)
18 Dia nacional do livro infantil/Nascimento de Monteiro Lobato (1882)
19 Dia do índio
21 Dia de Tiradentes
22 Descobrimento do Brasil
22 Dia do planeta Terra

Faça seu Pinóquio-Bilboquê

Materiais

- 1 frasco vazio de detergente
- 1 pote redondo vazio de iogurte
- 1 rolo vazio de papel higiênico
- 1 tampa de garrafa PET
- 1 pedaço de barbante de 50 cm
- folhas de jornal ou de revista
- papelão
- retalho de tecido
- 1 CD (para molde)

COMO FAZER

Bilboquê é um brinquedo antigo, também chamado de "emboca-bola". Originalmente é uma bola de madeira com um furo no centro e presa por um cordão a um bastão. É só jogar a bola para cima e tentar encaixar o furo da bola no bastão.

1

Corte o frasco de detergente (meça 14 cm a partir da tampa, que é a parte que vamos usar).

2

Corte o rolo de papel higiênico no sentido do comprimento e vá apertando ao redor do gargalo do frasco até moldar-se a ele perfeitamente. Depois, prenda com fita-crepe.

3

Faça o nariz do Pinóquio com um canudo de jornal ou revista com cerca de 1,5 cm de espessura. O comprimento você decide: depende do tamanho da mentira que ele contou (o da foto está com 6,5 cm). Cole com fita-crepe um pouco abaixo do centro do frasco.

4

Cole uma tira de papelão, com 1 cm de largura, entre o rolo e a garrafa de detergente para formar a gola da camisa. Encaixe a tampinha da garrafa na parte de baixo, como na foto, para que o Pinóquio possa ficar em pé e mais resistente.

5

Para o chapéu, risque o contorno em um pedaço de papelão usando um CD como base e recorte. Depois, coloque no centro dele o pote de iogurte, risque o seu contorno e recorte também.

6

Encaixe o papelão recortado ao redor do pote de iogurte e cole com fita-crepe.

7

Faça um teste para ver se o chapéu se encaixa na cabeça do Pinóquio. O pote de iogurte deve ser um pouco mais largo que o frasco de detergente. Retire o chapéu e faça a papietagem no restante do Pinóquio-bilboquê.

PINÓQUIO

Em 1881, o italiano Carlo Collodi começou a escrever *As aventuras de Pinóquio*, a história do boneco de madeira com sentimentos de criança que costumava contar mentiras e, cada vez que isso acontecia, seu nariz crescia. Antes de virar livro, as aventuras foram publicadas em capítulos, em um jornal infantil italiano.

8

Após a secagem, pinte do jeito que preferir. Faça o cabelo, a boca... Se achar mais legal, em vez de pintar, cole botões para fazer os olhos.

9

Agora faça uma pena para colocar no chapéu. Em um papelão, desenhe uma, com cerca de 12 cm de altura, e recorte.

10

Prenda a pena com uma tira de papelão e fita-crepe na base do chapéu. Faça a papietagem no chapéu todo, espere secar e pinte.

11

Depois de pintado, faça um pequeno furo no centro do topo do chapéu e passe o barbante. Não se esqueça de dar um nó na ponta de dentro para não soltar.

12

Enrole a outra ponta do barbante no pescoço do Pinóquio e dê um nó.

13

Para a gravata-borboleta, use um pedaço de tecido de 12 x 7 cm. Franza o seu centro e cole uma tira do mesmo tecido.

14

Agora fixe com cola a gravata no pescoço, sob o queixo do Pinóquio. Está pronto!

MÊS DE ANDERSEN E LOBATO

O dia internacional do livro infantil (2 de abril) é marcado pelo aniversário de nascimento de Hans Christian Andersen (1805-1875), escritor dinamarquês que criou histórias clássicas, como *A Pequena Sereia* e *O Patinho Feio*.

Já o dia nacional do livro infantil (18 de abril) homenageia o nascimento de Monteiro Lobato (1882-1948), escritor pioneiro da literatura infantil brasileira, criador do Sítio do Picapau Amarelo. Sua primeira história para crianças, *A menina do narizinho arrebitado*, foi publicada em 1920.

1º de maio

Dia mundial do TRABALHO

O que você quer ser quando crescer? Há tantas opções que fica difícil escolher. O importante é descobrir nossa vocação, isto é, o que mais gostamos de fazer e o que fazemos melhor. Quem gosta de ler, por exemplo, pode ser editor, escritor, contador de histórias, bibliotecário, livreiro, jornaleiro...

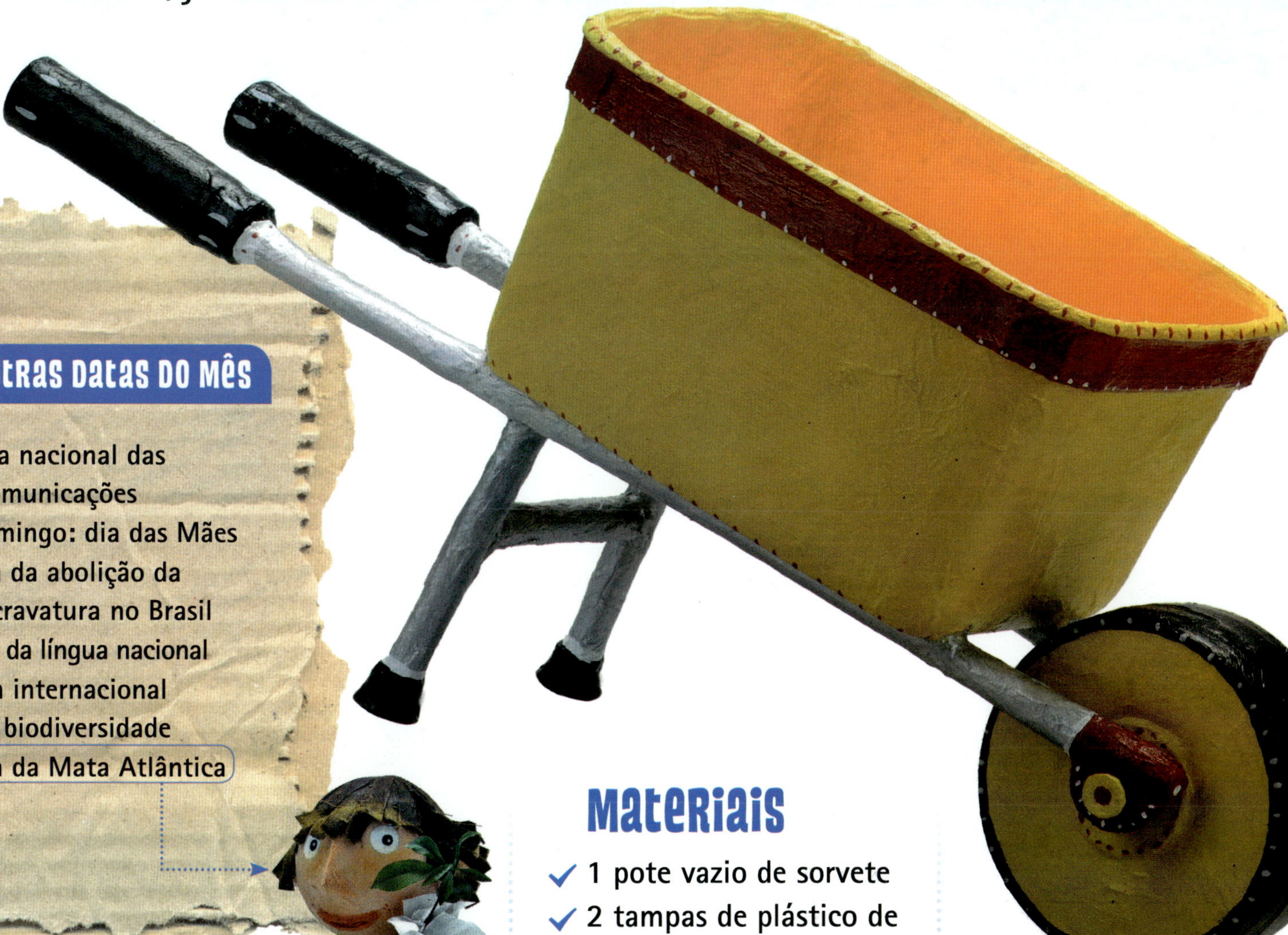

Outras datas do mês

- **5** Dia nacional das comunicações
- **2º** domingo: dia das Mães
- **13** Dia da abolição da escravatura no Brasil
- **21** Dia da língua nacional
- **22** Dia internacional da biodiversidade
- **27** Dia da Mata Atlântica

Homenagem aos trabalhadores

Comemoramos este dia para lembrar a importância do trabalhador em todos os setores de atividade.

Faça seu carrinho de mão

Materiais

- 1 pote vazio de sorvete
- 2 tampas de plástico de pote de achocolatado
- 2 embalagens vazias de cola bastão
- 2 tampas de pasta de dente ou de detergente
- 1 palito de dente
- 1 canudinho
- folhas de jornal ou de revista
- papelão

COMO FAZER

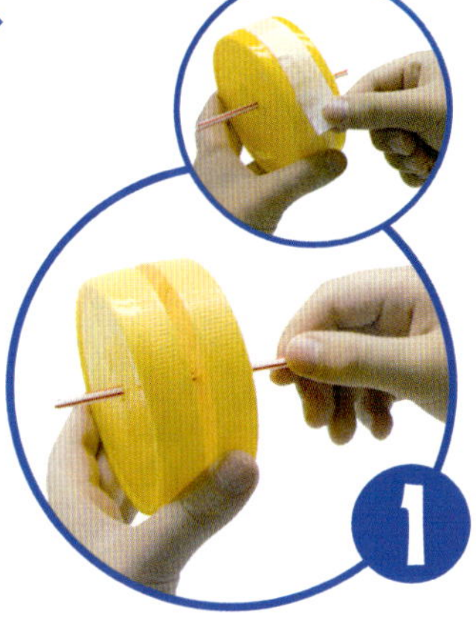

1

Comece pela roda. Pegue as duas tampas de plástico e faça um furo, da espessura do canudinho, no centro de cada uma. Encaixe o canudinho entre as duas tampas (é ele que vai dar o movimento da roda). Junte as tampas com fita-crepe e corte o que sobrou do canudinho.

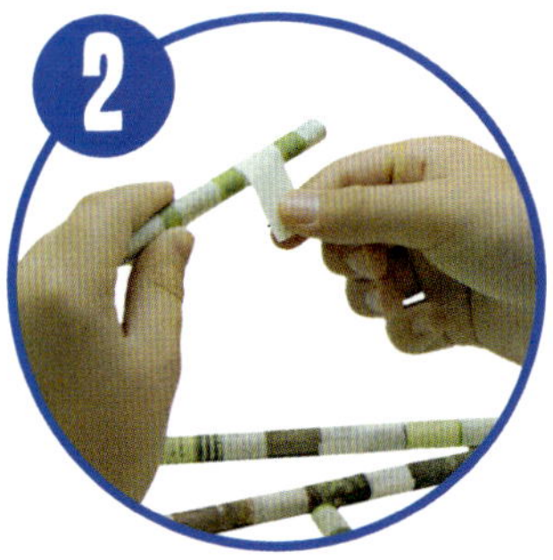

2

Faça dois canudos de folha de jornal ou de revista com 30 cm de comprimento, outros dois com 10 cm e mais um com 7 cm. Prenda as pontas de cada um com fita-crepe.

3

Encaixe uma embalagem de cola bastão em uma das pontas de cada canudo de folhas de jornal de 30 cm.

4

Prenda com fita-crepe. Esses serão os cabos do carrinho.

5

Antes de colar os canudos na parte de baixo do pote de sorvete, pegue a roda e confira a medida entre os canudos e o pote. Para se movimentar, a roda não pode encostar na "caçamba", e o espaço entre os canudos deve ser um pouco maior que a largura da roda. Já as pontas em que você prendeu as embalagens da cola bastão devem ficar mais distantes entre si.

MÃO NA RODA

Você sabe quais trabalhadores utilizam algum tipo de carrinho em seu serviço? Pedreiro, jardineiro, sorveteiro, agricultor, arquivista, arrumadeira, cabeleireiro, catador de material reciclável, enfermeiro, pipoqueiro...

SOLIDARIEDADE

Quem faz trabalho voluntário doa um pouco do seu tempo para ajudar outras pessoas, sem receber salário.

INSTRUMENTOS DE TRABALHO

O ser humano está sempre criando ferramentas e instrumentos novos para executar melhor o trabalho. E cada um tem os seus. Veja alguns exemplos: o astrônomo usa o telescópio; o fotógrafo, a máquina fotográfica; o eletricista, os alicates; o biólogo, o microscópio; o gari, a vassoura; o médico, o estetoscópio; o advogado, o livro de leis; o professor, os livros...

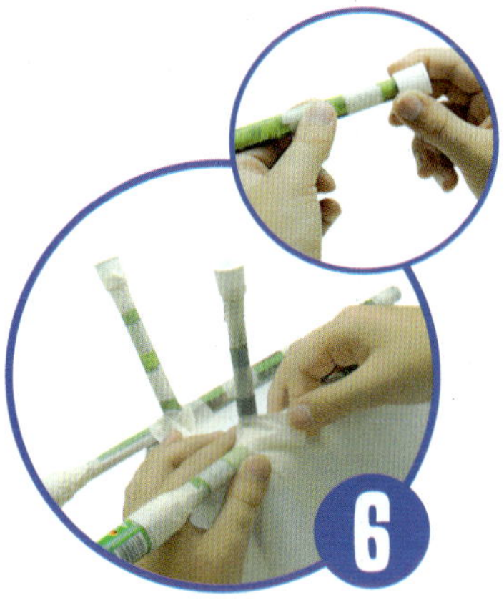

Coloque uma tampinha de pasta de dente em uma das pontas de cada canudo de 10 cm (veja no detalhe) e cole com fita-crepe. Depois, prenda esses canudos nos cabos. Os canudos serão as "pernas" e as tampinhas, os "pés" do carrinho.

Para sustentar o carrinho, cole o canudo de jornal de 7 cm entre as "pernas" do carrinho.

Faça um círculo de papelão fino de 2,5 cm de diâmetro e fure-o no centro, na medida do canudinho. Corte o círculo em duas partes iguais, bem no meio do furo (veja no detalhe). Cole com fita-crepe a parte reta de cada meio círculo sobre os cabos onde vai a roda. Meça com cuidado, para deixar os furinhos alinhados com os furos da roda.

Depois de fazer a papietagem e pintar a roda e o carrinho separadamente, prenda a roda, passando um pedaço de palito de dente por entre os furos dos cabos e da roda (o palito ficará dentro do canudinho de suco, o que dará mobilidade à roda). Corte as sobras do palito rente a ela.

Para dar um acabamento melhor, corte um pequeno círculo de papelão fino, pinte e cole sobre o eixo da roda, como no detalhe. Está pronto!

Dia das Mães

No Brasil, o dia das Mães começou a ser oficialmente comemorado em 1932, no segundo domingo de maio, data que permanece até hoje, assim como na Austrália, Bélgica, Canadá, Dinamarca, EUA, Finlândia, Itália e Japão. Essa data foi inventada para a gente lembrar como a mãe é importante na vida de seus filhos. Imite os escritores e poetas, crie frases ou versos que falem de seu amor por ela e a presenteie nesse dia.

Profissões curiosas

- Na Idade Média existia a figura do bobo da corte, profissional contratado para fazer palhaçadas e provocar risos na nobreza.
- Dizem que no século XVIII havia na Inglaterra a profissão de despertador humano. Com uma vara de bambu, ele batia na janela do quarto para acordar o cliente que precisava sair muito cedo para o trabalho.

5 de junho

Dia mundial do Meio ambiente

Você conhece alguém que joga lixo na rua, desperdiça água e energia e acha que a poluição e a destruição das matas e florestas não lhe dizem respeito? Ele está enganado, você sabe. Qualquer ação humana pode prejudicar o meio ambiente. Então, mãos à obra, vamos cuidar melhor da natureza e de tudo o que nos cerca.

Outras datas do mês

- **10** Dia da língua portuguesa
- **12** Dia dos namorados
- **13** Dia de Santo Antônio
  Início das festas juninas
- **21/22** Início do inverno
- **24** Dia de São João
- **29** Dia de São Pedro

Faça sua árvore

Materiais

- ✓ folhas de jornal ou de revista
- ✓ 2 tampas de garrafa PET
- ✓ 1 tampa de cola bastão
- ✓ 2 botões pequenos
- ✓ 2 canudinhos
- ✓ 2 arames de fechar embalagem de pão
- ✓ palitos de dente
- ✓ papelão

COMO FAZER

ÁRVORE

1

Para fazer a base da árvore, risque e corte um círculo, com cerca de 15 cm de diâmetro, em um pedaço de papelão. Faça o tronco com um canudo de papel (este tem 1,5 cm de espessura e 30 cm de altura), e cole-o com fita-crepe no centro da base.

2

Agora faça os galhos com vários canudos de papel, com formas, tamanhos e espessuras diferentes, mas sempre menores e mais finos que o tronco. Cole com fita-crepe dois ou três canudos mais finos em outro canudo mais longo e grosso. Fixe os galhos que você montou com fita-crepe em todos os lados do tronco. Faça quantos galhos quiser.

3

Para a casa do joão-de-barro, cole a tampinha de garrafa PET, com a parte interna virada para fora, junto a um dos galhos, usando fita-crepe.

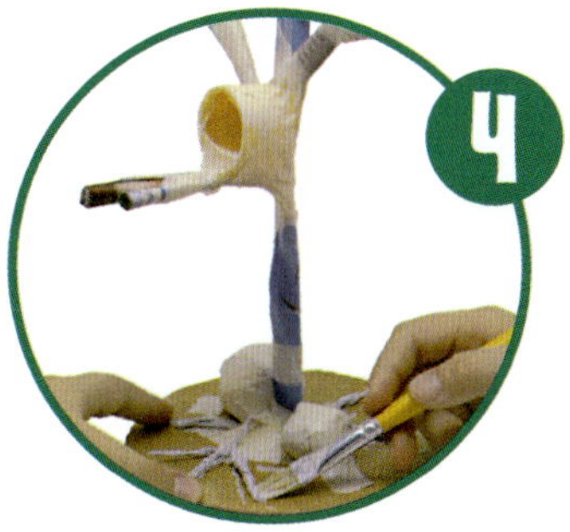

4

Para deixar a árvore mais firme, cole duas bolas de papel na base junto ao tronco. São as pedras. Para as raízes, enrole pequenas tiras de papel toalha e cole junto ao tronco espalhando ao redor da base. Depois, faça a papietagem e, por fim, pinte.

5

Para as folhas da árvore, desenhe no papelão (ou em papel colorido grosso) folhas de vários tamanhos e recorte-as. Prenda com cola um palito de dente em cada ponta da folha (veja no detalhe). Pinte as folhas. Espete os palitos com as folhas nos galhos, até a árvore ficar do jeito que você quiser.

DESMATAMENTO

Desmatamento é a derrubada de matas, a retirada de todas as espécies da flora e fauna de um lugar para, por exemplo, ocupá-lo com plantações, pastos ou construções.

RECICLAGEM

Você pode separar materiais como embalagens de plástico e alumínio para reciclagem, que é o processamento de materiais que já foram usados para dar-lhes novos usos. Mas não confunda: ao fazer seus brinquedos, você está reaproveitando, e não reciclando sucata.

FAUNA E FLORA

O conjunto de animais (a fauna) e de plantas (a flora) do Brasil é um dos mais ricos e variados do mundo. Só de flores temos mais de 50 mil espécies, e os mamíferos passam de 600 espécies.

JOÃO-DE-BARRO

Mais comum no sul do Brasil, o joão-de-barro é uma ave pequena e habilidosa. Constrói seu ninho pacientemente com barro amassado, palha e gravetos.

JOÃO-DE-BARRO

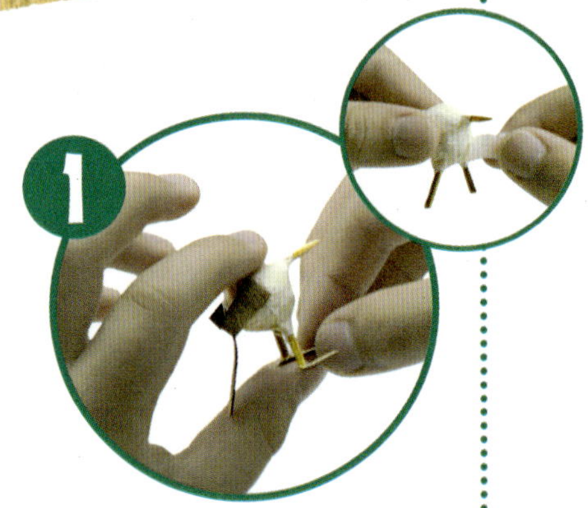

Enrole fita-crepe até formar uma bolinha com cerca de 1,5 cm de diâmetro. Para o bico, cole na bolinha um pedaço de 1 cm de palito de dente. Para as pernas, cole também dois pedaços de palito de dente de 1,5 cm cada (veja no detalhe). Recorte tiras finas de papelão, uma com 2 cm para a cauda, duas de 1,5 cm para as asas e duas tiras de 1 cm para os pés. Fixe tudo com cola. Depois é só papietar e pintar.

MACAQUINHO

Prenda com fita-crepe uma tampinha de garrafa PET (o corpo) em outra menor, de cola bastão, para a cabeça. Para as orelhas, prenda dois botões de 1 cm de diâmetro com fita-crepe, um em cada lado da tampa menor. Faça o nariz com uma bolinha de fita-crepe e cole.

Preencha a parte de dentro das tampinhas com papel toalha amassado (veja no detalhe). Com fita-crepe, cole na tampa maior quatro pedaços de canudinho, de 4,5 cm cada, para fazer os braços e as pernas.

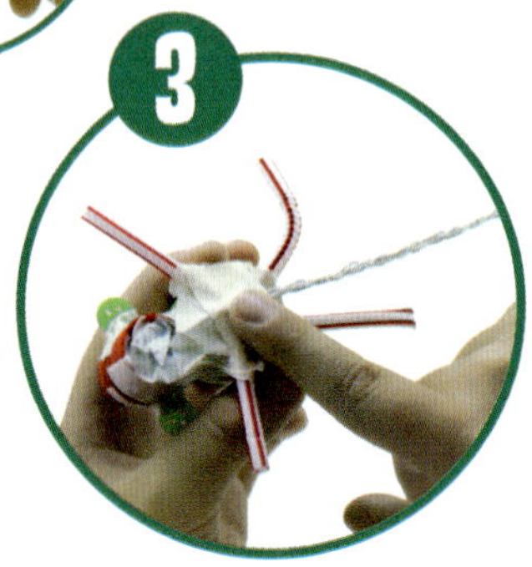

Quando as posições dos braços e pernas do macaco estiverem corretas, prenda tudo com fita-crepe. Para fazer o rabo, enrole dois pedaços de arame e prenda com fita-crepe nas costas do macaco. Engrosse o arame enrolando-o também com fita-crepe. Depois basta papietar e pintar.

Coloque os seus animais na árvore. Para prender o macaco, enrole o rabo em volta do galho. Cole o joão-de-barro, pelos pés, junto do ninho. Agora, é só brincar!

PRECISAMOS CUIDAR DA TERRA

Comemora-se o dia do meio ambiente em 5 de junho porque nessa data, em 1972, houve na Suécia a 1ª Conferência Mundial do Meio Ambiente, promovida pela ONU (Organização das Nações Unidas), para tratar de problemas ambientais, como poluição do ar e da água, desmatamento, etc.

FESTAS JUNINAS

Embora sejam celebradas em todas as regiões brasileiras, as festas juninas se destacam no Nordeste. Herança da cultura portuguesa, elas são uma homenagem a Santo Antônio, São João e São Pedro. Fazem parte das festas a dança da quadrilha, pau de sebo, casamento na roça, correio elegante, músicas e pratos típicos, principalmente à base de milho – pois no início eram uma celebração das boas colheitas do milho. Então, dá-lhe pamonha, bolo, pipoca, curau, milho cozido...

20 de julho

Dia de Santos Dumont

O brasileiro Alberto Santos Dumont foi quem pilotou um avião pela primeira vez na História da humanidade. Isso aconteceu em Paris, na França, em 1906. Por isso ele é chamado o "pai da aviação".

Faça seu aeroplano 14-BIS

Outras datas do mês

2 Dia nacional do bombeiro
17 Dia de proteção às florestas
19 Dia nacional do futebol
20 Dia internacional do amigo
20 Dia da conquista da Lua
25 Dia do escritor
26 Dia dos avós

Materiais

- 2 caixas de pasta de dente
- 2 tampas de garrafa PET
- 2 tampas de tubo de pasta de dente
- palitos de churrasco
- palitos de dente
- 1 botão pequeno
- papelão

Outras invenções

Santos Dumont foi responsável por outras invenções, como o balão dirigível, o ultraleve, o relógio de pulso e o hangar.

Santos Dumont

O pai da aviação nasceu em 20 de julho (1873-1932), em Palmira, Minas Gerais, cidade hoje chamada Santos Dumont. Quando criança, ele gostava de observar o voo dos pássaros e de fazer experiências com balões e com pipas diferentes que ele mesmo criava. Das pipas partiu para pequenas aeronaves acionadas por elásticos. Começou criando brinquedos e se tornou um dos maiores inventores da História!

COMO FAZER

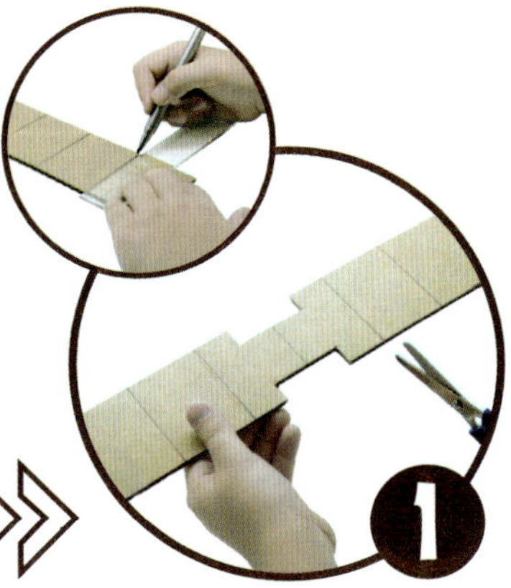

1

Recorte dois pedaços de papelão de 30 x 7 cm cada, seis pedaços de 5 x 7 cm, dois pedaços de 6 x 6 cm e dois pedaços de 8 x 6 cm. Pegue os dois pedaços de 30 x 7 cm e, com régua e caneta, divida cada um em seis partes iguais (de 5 cm cada), como no detalhe. Depois, faça dois cortes iguais de 5 x 1,5 cm, no centro desses pedaços, como na foto.

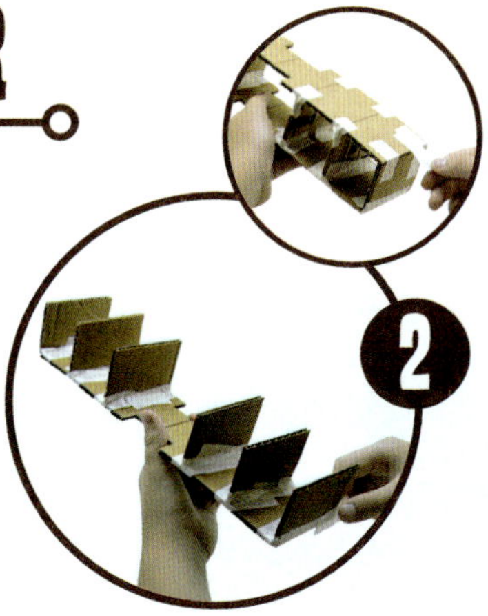

2

Cole com fita-crepe os seis pedaços de 5 x 7 cm de papelão, a partir das pontas, seguindo os riscos. A parte central com os recortes fica livre, com 10 cm de largura. Cole com fita o outro pedaço de papelão de 30 x 7 cm sobre os seis pedaços. É importante deixar as duas partes bem alinhadas, como no detalhe. As asas estão prontas.

3

Faça um recorte de 1,5 x 3 cm na parte mais estreita da caixa de pasta de dente, deixando uma margem de cada lado. Nesse espaço irá o piloto. Recorte 5 cm da outra caixa de pasta de dente e cole com fita-crepe na ponta da caixa que já tem o recorte, como no detalhe. Faça um furinho no centro da tampa oposta da caixa de pasta de dente. Encaixe bem no centro da estrutura das asas, como na foto.

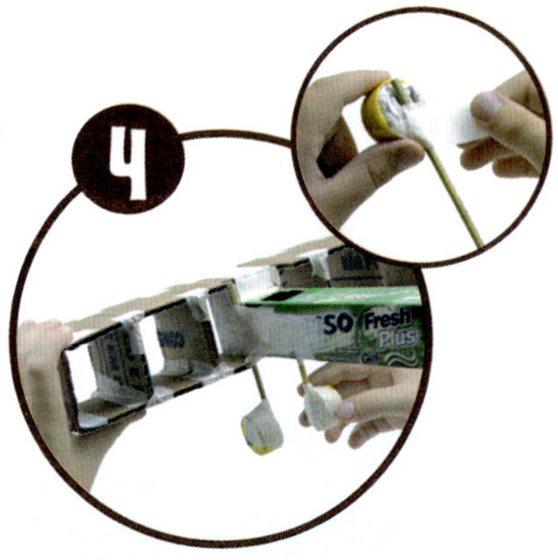

4

Pegue duas tampas de garrafa e preencha com papel amassado. Agora, prenda cada tampa em um pedaço de 12 cm de palito de churrasco usando fita-crepe, como no detalhe. As rodas estão prontas. Prenda com fita-crepe uma roda em cada lateral da caixa de pasta de dente nos pontos em que ela encaixa com a estrutura das asas.

5

Para reforçar as rodas, cole entre elas um pedaço de palito de churrasco de cerca de 4 cm.

6

Para o nariz do 14-bis, junte com fita-crepe os dois pedaços de papelão de 8 x 6 cm e os dois pedaços de 6 x 6 cm.

SANTOS DUMONT NA LUA

No dia em que Santos Dumont faria 100 anos, em 1973, seu nome foi dado a uma das crateras da Lua. A homenagem foi feita nos EUA e dirigida por Michael Collins, o comandante da Apolo 11, primeira nave a aterrissar na Lua, em 1969.

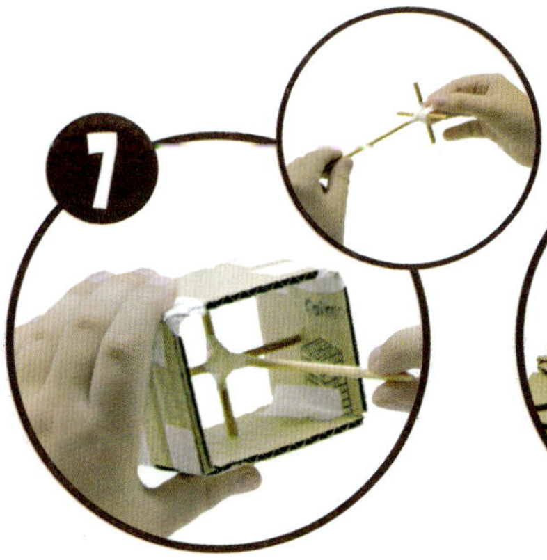

7

Corte um pedaço de palito de churrasco de 7,5 cm e outro de 5,5 cm. Centralize-os em forma de cruz e cole com fita-crepe. Corte um pedaço de 10 cm de palito de churrasco e cole-o, com fita-crepe, bem no meio da cruz que você havia montado (veja no detalhe). Passe cola nas pontas da cruz e encaixe na caixa que é o nariz da aeronave. Para colar, pressione o papelão sobre a cruz, com cuidado para não furar.

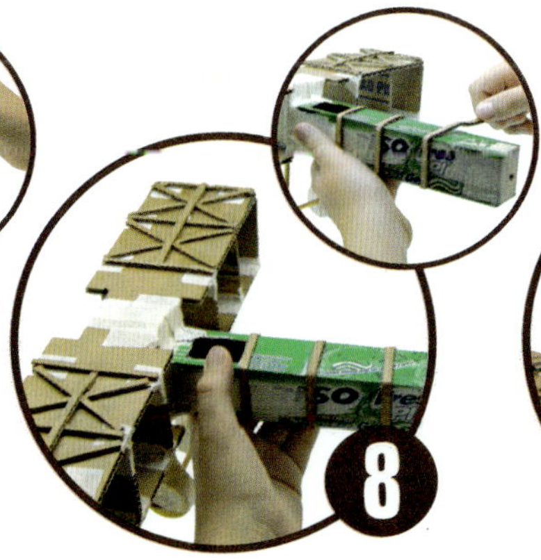

8

Com tiras de papelão de 0,5 cm de largura, faça o acabamento, colando-as na parte de cima e nas laterais das asas. Recorte três tiras de papelão de 0,5 cm mais longas para contornar a caixa de pasta de dente. Cole a partir do recorte onde ficará Santos Dumont, deixando um espaço de 4 cm entre um e outro. Depois, faça o acabamento da parte da frente, no nariz, como na foto.

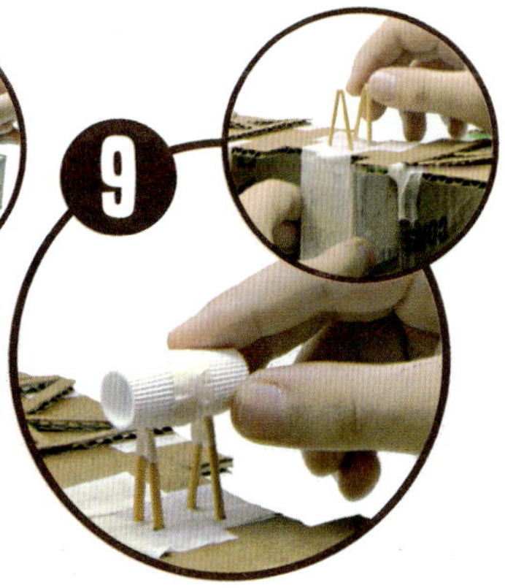

9

Para o suporte do tanque de combustível, dobre dois palitos de dente ao meio, espete-os e cole-os com fita ou cola no centro da parte superior da asa (veja no detalhe). Faça o tanque de combustível com duas tampas de pasta de dente e cole-as com fita-crepe em cima dos palitos.

10

Para o "manche", que é a direção, dobre um palito de dente ao meio e cole um botão sobre a dobra. Depois de colados, espete e prenda com fita-crepe as duas pontas do palito na caixa à direita junto à cabine. O controle é feito com dois pedaços de palito de dente, colados com fita-crepe, formando um Y. Espete a ponta maior na caixa e cole com fita.

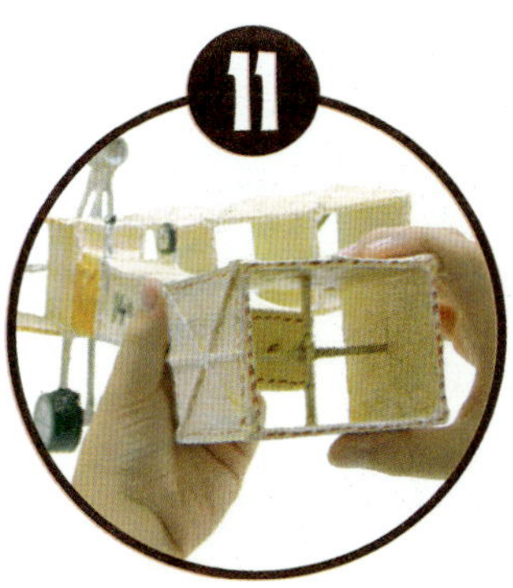

11

Depois de papietar e pintar o nariz e toda a estrutura do avião, passe um pouco de cola na ponta do palito do nariz e encaixe no furo da estrutura do avião.

12

Para dar suporte ao avião quando não estiver voando, faça um furo embaixo e encaixe um pedaço de palito de churrasco com 10 cm até que ele atinja a parte superior de dentro da caixa, com cuidado para não furar. Agora é só colocar o piloto e sair voando...

Faça o seu Santos Dumont

Materiais

- ✓ 1 retrós de linha vazio
- ✓ 1 tampinha de pasta de dente
- ✓ 2 arames de fechar embalagem de pão
- ✓ papelão

Como fazer

1. Cole duas bolinhas de papel nas laterais do retrós, para as orelhas.
2. Cole um pedacinho de papelão para o nariz.
3. Para o chapéu, cole a tampinha de pasta de dente sobre um círculo de 2 cm de diâmetro de papelão fino.
4. Para os braços, prenda com fita-crepe os araminhos nas laterais do retrós.
5. Faça a papietagem, pinte os detalhes e cole o chapéu na cabeça. Pronto!

22 de agosto

Dia do FOLCLORE

Lendas, costumes, seres imaginários, músicas, danças, festas, comidas... Tudo o que surgiu na cultura popular, e é passado de geração em geração, é considerado folclore. Todo povo tem o seu folclore. E o brasileiro é muito rico porque mistura influências das várias culturas: a indígena, africana e europeia.

Outras datas do mês

- 2º domingo: dia dos Pais
- 11 Dia do estudante
- 12 Dia nacional das artes
- 14 Dia do combate à poluição
- 15 Dia da informática
- 19 Dia internacional da fotografia
- 21 Dia da habitação

Faça seu teatro

Materiais

- 1 caixa de papelão (esta tem 40 cm de largura, 32 cm de altura e 18 cm de profundidade)
- 3 varetas ou palitos de churrasco
- 3 tampinhas de pasta de dente
- retalhos de tecido
- papelão

Folclore

Folclore é uma palavra de origem inglesa, sabia? *Folk* quer dizer "povo", e *lore*, "sabedoria", então folclore significa "sabedoria do povo".

COMO FAZER

1

Feche todas as partes soltas da caixa e cole com fita-crepe. Com régua e lápis, meça e risque onde a caixa deve ser cortada: na parte da frente, deixe uma borda de cada lado, como mostra a foto. E na parte de cima (por onde serão movimentados os personagens), deixe uma borda cuja largura seja igual à da frente (como no detalhe). Na caixa usada aqui, a borda ficou com 5 cm. Recorte as partes marcadas a lápis.

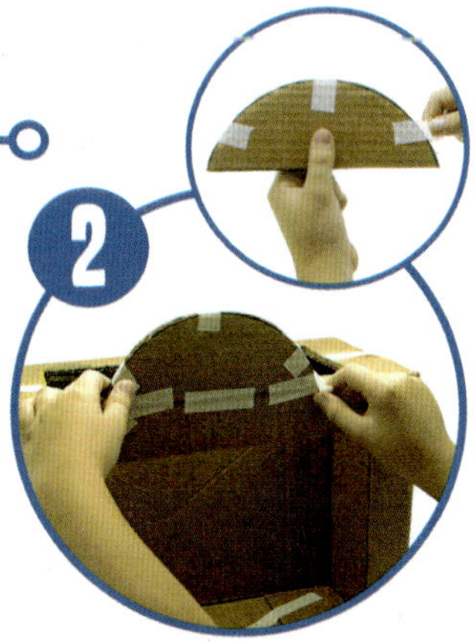

2

Usando um prato pequeno como base, desenhe em um pedaço de papelão, um círculo com cerca de 20 cm de diâmetro. Dobre-o ao meio e cole com fita-crepe nas bordas (veja no detalhe). Depois cole-o na frente da caixa junto ao telhado, bem no centro.

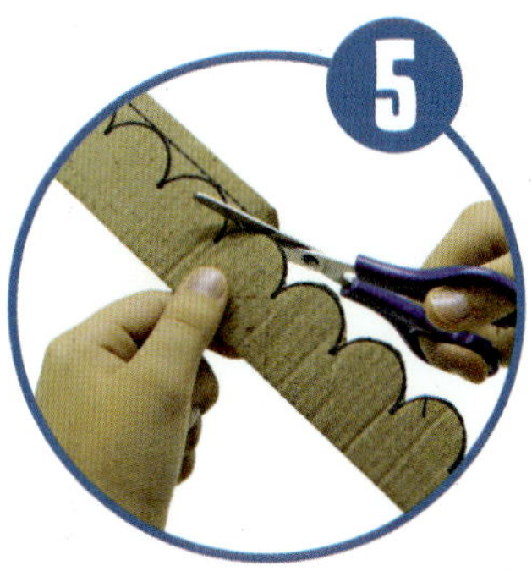

5

Desenhe em uma tira de papelão a faixa que vai enfeitar a parte de cima do palco e corte-a.

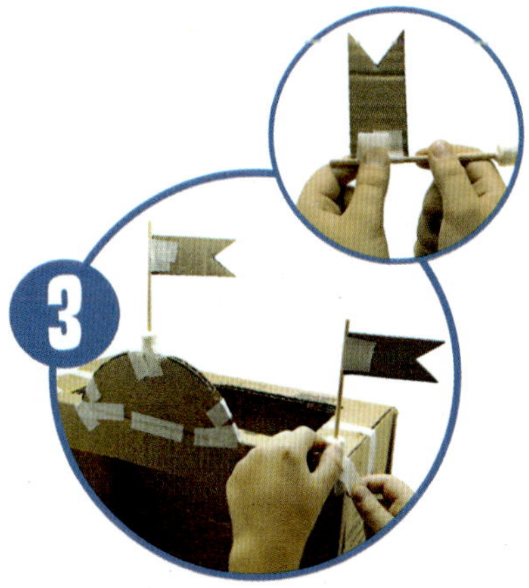

3

Para as bandeirinhas, cole com fita-crepe um pedaço de 12 cm de vareta em uma tampa de pasta de dente, que será a base do mastro. Em três pedaços de papelão de 8 x 3,5 cm recorte um triângulo em uma das pontas. Agora prenda com fita-crepe cada bandeirinha no mastro (veja no detalhe) e cole-as com fita na parte superior da frente do teatro.

6

A tira de papelão deve ser um pouco mais longa que a largura da abertura do palco, para que possa ser colada no lado de dentro com fita-crepe. Agora é só papietar e pintar.

4

Recorte tiras de papelão, com 1 cm de largura, e cole-as com fita-crepe ao redor da abertura do palco, como uma moldura.

7

Invente um nome para o seu teatro. Marque em um papelão o espaço para o letreiro, escreva com capricho e recorte cada letra. Faça a papietagem, pinte e depois cole na frente do teatro. Se preferir, pinte o nome direto na fachada. Para as cortinas, corte duas tiras de tecido, de 10 x 30 cm, e amarre cada uma no meio com fita de tecido. Cole as cortinas nos lados internos da caixa e em cima. Agora só faltam os personagens.

FESTAS POPULARES

Estas são apenas algumas das festas que acontecem Brasil afora: cavalhada (GO); Paixão de Cristo, em Pernambuco; festa de Iemanjá, em Salvador (BA); boi-bumbá, especialmente no Norte e no Nordeste...

Faça os personagens

Materiais

- caixas vazias de pasta de dente
- vareta de bambu de 50 cm
- palitos de sorvete
- palitos de dente
- canudinhos

A **cuca** é verde e ranzinza. Dizem que anda à noite à procura de crianças que não querem dormir. Coloca sua presa num saco e desaparece. O mito até virou cantiga de ninar:

Nana, nenê
Que a Cuca vem pegar
Papai foi pra roça
Mamãe foi trabalhar.

O **saci** é um menino negro, de uma perna só, que fuma cachimbo e usa um gorro vermelho mágico, que lhe dá poderes. Esperto e muito travesso, ele adora assustar pessoas sozinhas em estradas, fazer as coisas sumirem, espantar os bichos...

Iara é um nome de origem tupi que quer dizer "senhora das águas". Ela vive nos rios, é meio mulher e meio peixe. Canta para atrair a atenção do homem que, quando a vê, não resiste à sua beleza e ao seu canto e a segue para o fundo das águas.

O **curupira** é baixinho e tem cabelos vermelhos. Seus pés são virados para trás para enganar os caçadores. Ele é o protetor dos bichos e das matas.

O **lobisomem**, diz a lenda, é um homem que vira lobo nas sextas-feiras de Lua cheia. Quando ele se transforma, sai pelas estradas tentando morder alguém e lhe passar seu feitiço.

COMO FAZER O SACI

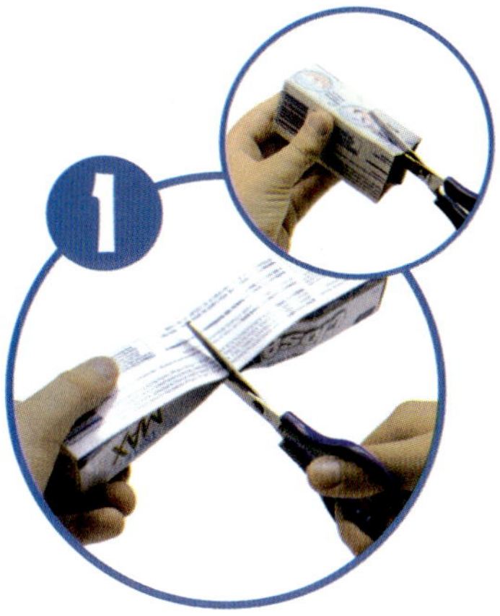

Aperte a caixa de pasta de dente no centro. Corte ao meio (com uma caixa você pode fazer dois personagens). Faça um pequeno corte vertical de cerca de 1 cm em cada lado da caixa (veja no detalhe).

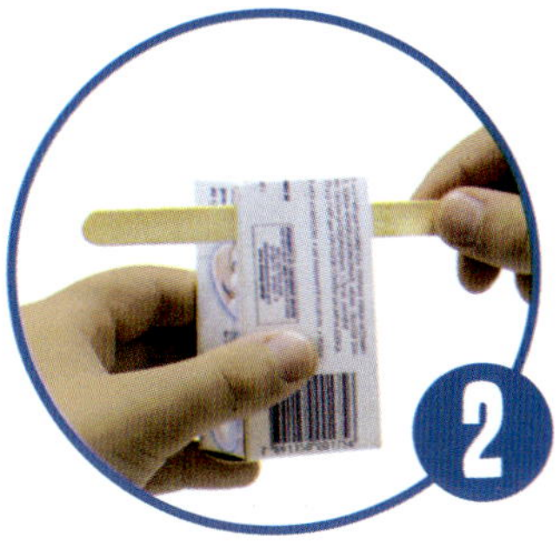

Encaixe o palito de sorvete entre os cortes, para fazer os braços. Deixe o palito bem centralizado em relação ao corpo e cole com fita-crepe para não sair do lugar. Una as pontas da caixa (os "ombros") com fita-crepe.

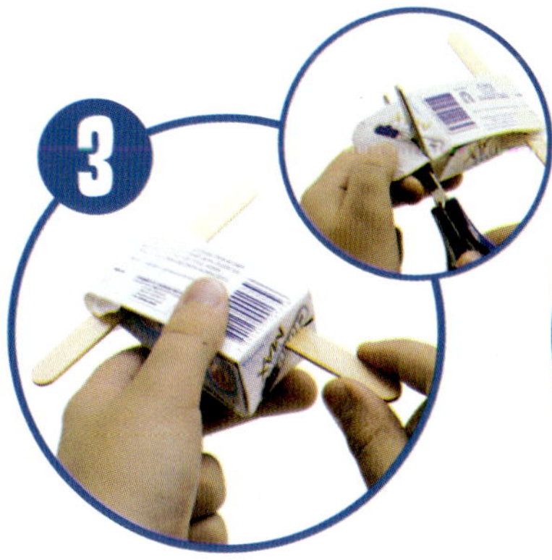

Para formar a perna, faça um corte de cerca de 1 cm na tampinha da caixa, como mostra o detalhe. Feche a tampinha, encaixe um palito de sorvete e fixe bem com fita-crepe para que o palito não se mova (nesse caso há apenas uma perna, pois se trata do saci).

Para a cabeça, faça uma bola de papel. Espete um palito de dente para o pescoço. Para as orelhas e o nariz, cole bolinhas de papel na cabeça e faça a boca enrolando uma tirinha fina de papel. Espete o palito com a cabeça na caixinha (veja o detalhe). Prenda bem a cabeça ao corpo com fita-crepe.

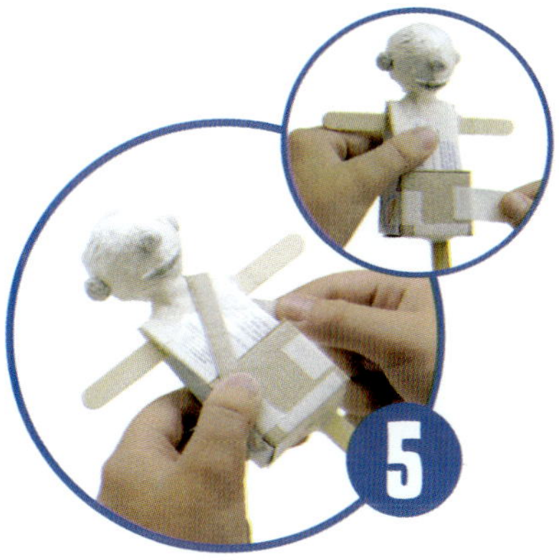

Para a calça, corte um pedaço de papelão, da largura do corpo, com 3 cm de altura, e cole no saci com fita-crepe (veja no detalhe). Recorte uma tira de papelão de 13 x 0,5 cm e cole com fita para fazer o suspensório atravessado no peito e nas costas.

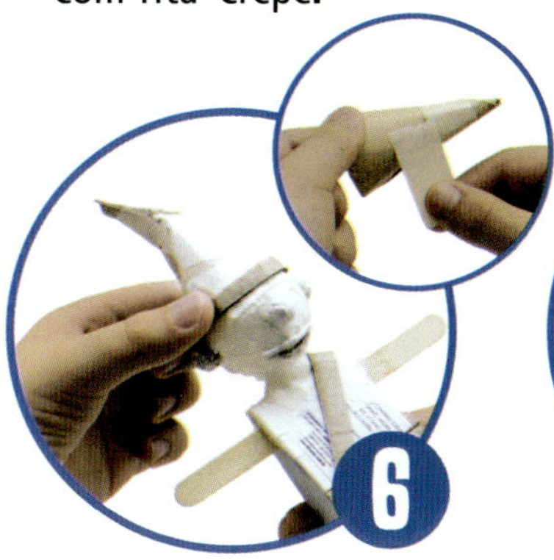

Faça o chapéu com um pedaço de papelão mais fino, com 10 x 8 cm. Enrole-o em forma de cone e cole as laterais com fita-crepe, como no detalhe. Cole-o na cabeça do saci com fita e dobre um pouco a ponta para parecer um gorro. Cole uma tira de papelão de 0,5 cm de largura em volta da base do chapéu para melhor acabamento.

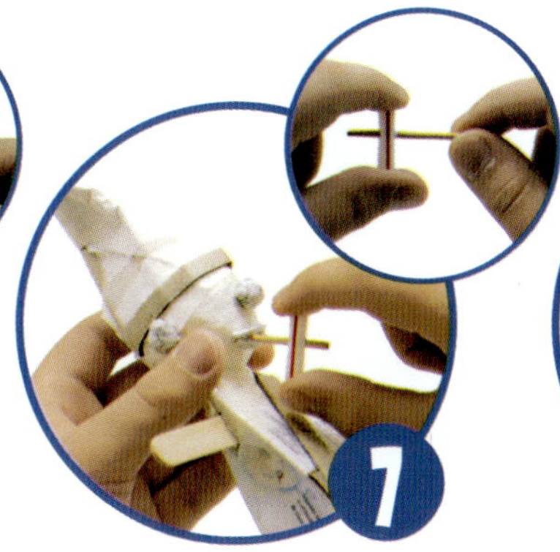

Para o cachimbo, espete meio palito de dente (3 cm) em um pedacinho de 2 cm de canudinho, mais perto da ponta (veja no detalhe). Com um pouco de cola, espete o palito na boca do saci.

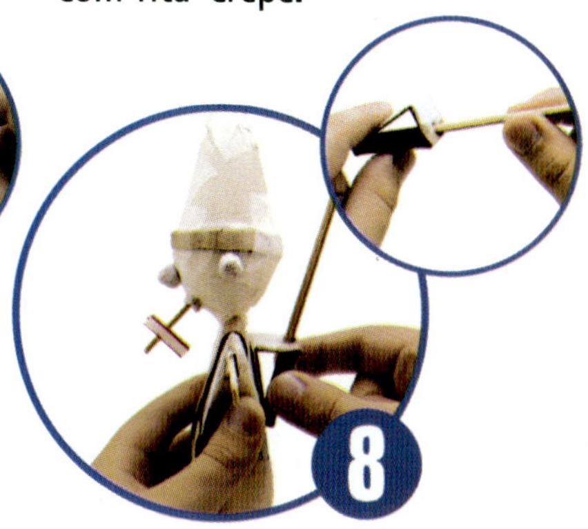

Para prender a vareta no personagem (para movimentá-lo no teatro), faça um triângulo com um pedaço de papelão de 8 x 2 cm e dobre dois lados de 3 cm e um de 2 cm. Cole com fita-crepe. Faça um pequeno furo no lado menor e espete a vareta de bambu com cola na ponta, para fixar bem. Cole-a com fita-crepe nas costas do saci. A cabeça não encosta na vareta, para facilitar o movimento no palco. É só papietar e pintar.

COMIDAS TÍPICAS

Algumas comidas marcantes em diferentes regiões do Brasil: tapioca, no Norte e Nordeste; pato no tucupi, no Pará; arroz de carreteiro no Sul e no Centro-Oeste.

Para fazer os outros personagens, siga o modelo do saci, apenas adaptando os detalhes.

25 de setembro

Dia nacional do trânsito

Faça seu caminho

Quando pensamos em trânsito, a primeira coisa que vem à cabeça são carros. Mas trânsito é mais que isso: é a circulação de veículos motorizados (carros, motos, ônibus), não motorizados (bicicletas, carroças) e pedestres. Com o tempo, o trânsito nas cidades ficou mais difícil, por isso foram criadas normas que, se cumpridas, garantem a segurança e o bem-estar de todos.

Materiais

Para os veículos

- 8 caixas de fósforos vazias (4 x 6 cm)
- 1 pote plástico ou lata com tampa
- 1 tampa plástica de caixinha de balas ou pedaço de plástico vermelho
- 1 tampa plástica de tubo de tinta (guache ou acrílica) ou de pasta de dente
- 3 palitos de sorvete
- 1 palito de dente
- botões de vários tamanhos
- folhas de jornal ou de revista
- papelão

Para a estrada e os sinais

- papelão
- palitos de churrasco
- tampas de pasta de dente

Placas

No Brasil, as placas de trânsito começaram a ser implantadas a partir de 1930.

Outras datas do mês

- 5 Dia da Amazônia
- 7 Dia da Independência do Brasil
- 8 Dia mundial da alfabetização
- 18 Dia nacional da televisão
- 21 Dia da árvore
- 23 Início da primavera

COMO FAZER O CAMINHÃO

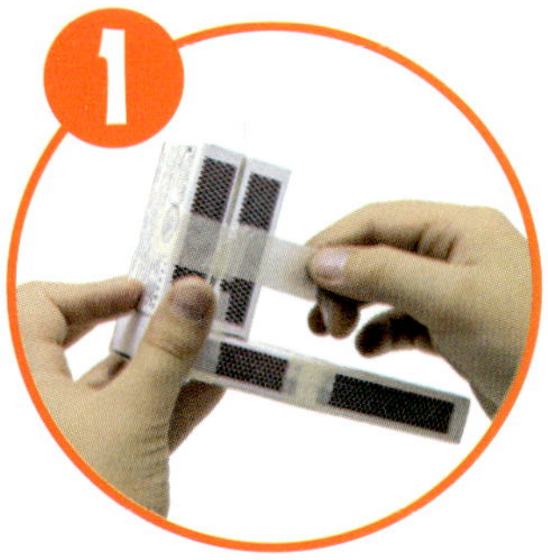

1 Para o caminhão, junte quatro caixinhas de fósforos: duas na vertical e duas na horizontal, formando um L, e cole com fita-crepe.

2 Para as rodas, fixe sobre as caixinhas horizontais três botões iguais de cada lado, usando cola. Para o tanque pipa na carroceria, cole com fita o pote plástico ou a lata com tampa.

3 Para fazer o para-choque dianteiro, recorte um pedaço de 5 cm de palito de sorvete e cole na parte inferior. Recorte um pedaço de papelão de 1 x 1,5 cm para fazer a placa dianteira e mais dois pedaços de 2,5 x 1,5 cm para a tampa do capô e a tampa do motor. Para a lataria da cabine, recorte e cole tiras de 0,5 cm de papelão.

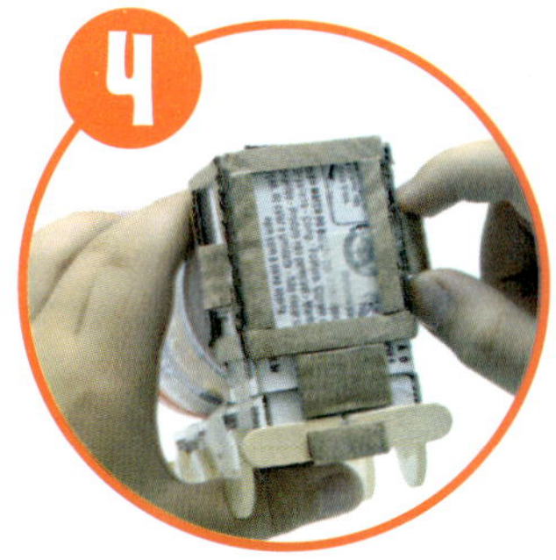

4 Recorte dois pedaços de papelão, de 1 x 1,5 cm, para fazer os espelhos retrovisores. Cole nas laterais.

5 Para a parte traseira do para-choque, recorte um pedaço de 5 cm de palito de sorvete. Sobre ele, cole um pedaço de papelão, de 1 x 1,5 cm, para a placa.

6 Cole a tampa plástica de tubo de tinta ou de pasta de dente na carroceria do caminhão. Ela será a tampa do tanque pipa.

7 Faça o tanque de combustível com um canudo de 3 cm de comprimento de folha de jornal ou revista e cole entre a cabine e a carroceria. Depois, faça a papietagem.

8 Com um pincel fino, pinte os detalhes do caminhão, como o limpador de para-brisa, a tampa do motor e os espelhos retrovisores.

9 Depois de seco, cole um pequeno botão no centro de cada pneu para fazer as calotas e dois botões brancos para fazer os faróis dianteiros. Está pronto!

CINTO DE SEGURANÇA

O cinto é um dos itens mais importantes para a segurança do motorista e dos passageiros. Antes utilizado apenas em aviões, foi na década de 1960 que passou a ser usado em carros de alguns países. No Brasil, é obrigatório desde 1994.

AMBULÂNCIA

1. Junte duas caixinhas de fósforos e cole com fita-crepe, como no detalhe.

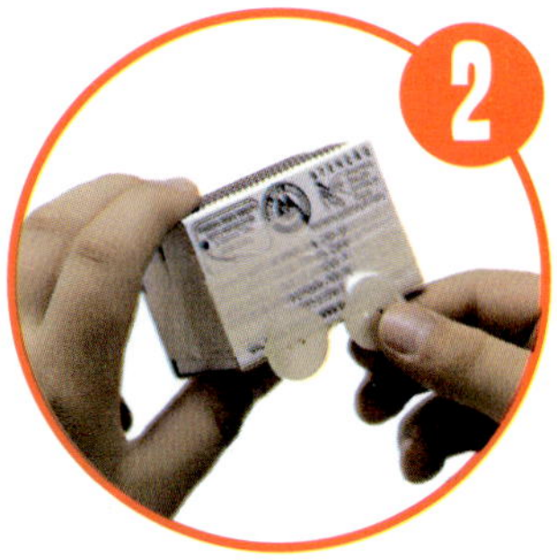

2. Deixe na posição da foto e fixe, com cola, quatro botões iguais, dois de cada lado próximos às pontas das caixas, para fazer as rodas.

3. Para a parte da frente, recorte um pedaço de 4 cm de palito de sorvete e cole na parte inferior, que será o para-choque. Cole a tampinha plástica da caixinha de balas no alto, para o pisca alerta. Recorte e cole três pedaços de papelão, de 1 x 1,5 cm cada, para a placa e os espelhos retrovisores.

4. Para a parte traseira, recorte um pedaço de 4 cm de palito de sorvete e cole na parte inferior, para o para-choque de trás. Sobre ele, cole um pedaço de papelão de 1 x 1,5 cm, para a placa, assim como você fez na parte dianteira. Faça a papietagem.

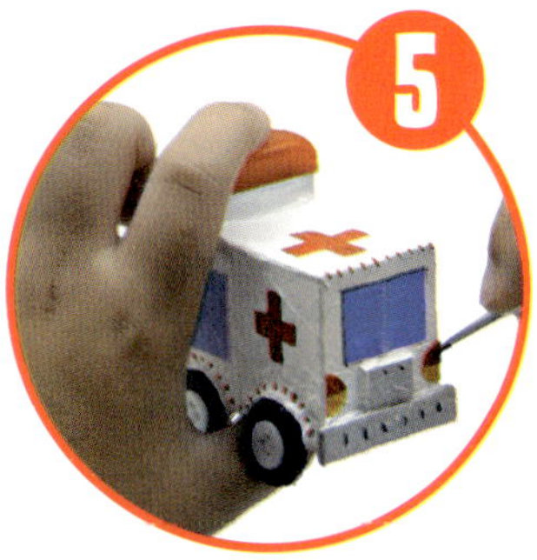

5. Pinte a ambulância. Com um pincel fino, faça as janelas, as lanternas, as cruzes vermelhas e o acabamento dos para-choques. Também com pincel fino, pinte os limpadores de para-brisa e a tampa do motor.

6. Depois de seco, cole um pequeno botão branco no centro de cada pneu, para fazer as calotas, e um botão branco para cada farol dianteiro. Está pronta!

PRIMEIRO CARRO

O primeiro carro a circular no Brasil foi trazido de Paris (França) em 1891. Quem dirigiu, em São Paulo, foi Henrique Santos Dumont, irmão de Alberto Santos Dumont, o pai da aviação.

PLACAS

1. Desenhe um círculo de 4,5 cm de diâmetro em um pedaço de papelão e recorte. Cole-o com fita-crepe em um pedaço de 10 cm de palito de churrasco.

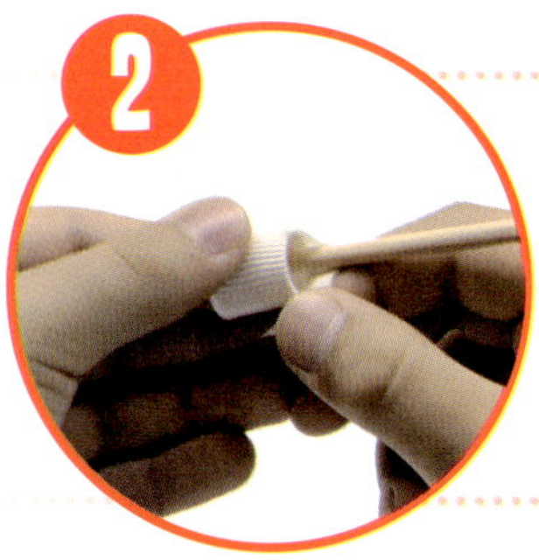

2. Encaixe a outra ponta do palito em uma tampinha de pasta de dente e cole com fita-crepe. Faça a papietagem.

3. Para pintar, siga as referências de cores das placas de sinalização de trânsito, que são iguais no país todo.

A partir deste exemplo, você pode fazer todas as placas que achar importantes na sua estrada.

CARRO

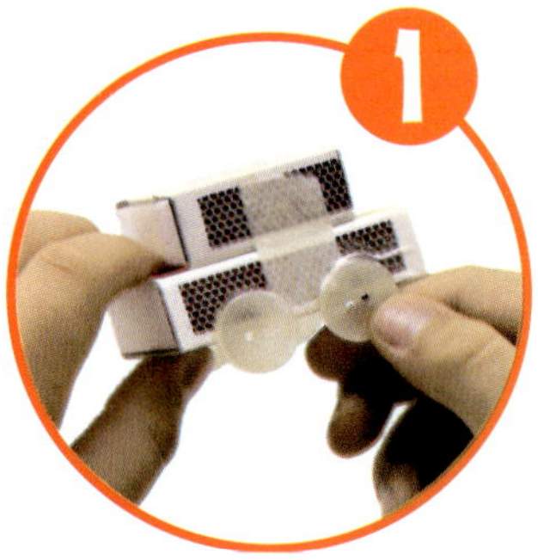

Para o carro, reduza o tamanho de uma caixinha de fósforos cortando 1,5 cm dela, e cole-a com fita-crepe, no sentido horizontal, no centro de outra caixinha inteira. Fixe com cola dois botões iguais de cada lado da caixinha, para fazer as rodas.

Para a parte dianteira do para-choque, corte e cole um pedaço de 4 cm de palito de sorvete na parte inferior. Recorte três pedaços de papelão, de 1 x 1,5 cm cada, para a placa dianteira e os espelhos retrovisores. Espete um pedaço de palito de dente na capota, para fazer a antena do rádio. Para a traseira, faça o para-choque e a placa iguais aos da frente. Agora é só papietar.

Depois de seco, pinte o carro. Faça os detalhes com um pincel fino.

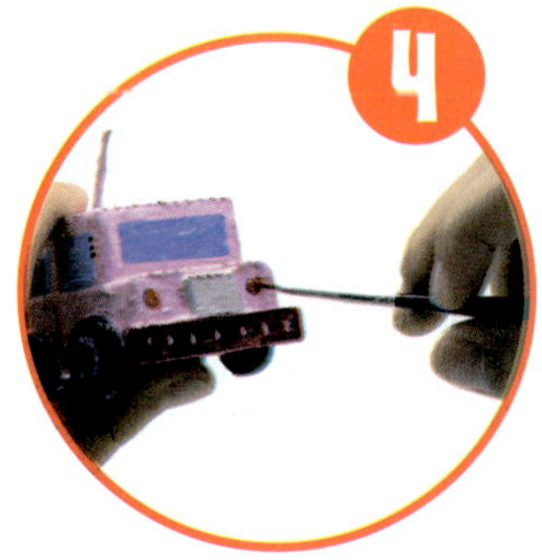

Cole um botão branco para cada um dos faróis dianteiros e um pequeno botão no centro de cada pneu, para as calotas. Está pronto!

Área escolar

Dia da Independência

Em 1500, o Brasil tornou-se colônia de Portugal. Muitos anos depois, no dia 7 de setembro de 1822, o príncipe Dom Pedro I declarou que o Brasil seria um país independente.

Em 1822, foi criada a música do Hino Nacional Brasileiro por Francisco Manuel da Silva. Durante quase um século, o hino foi tocado sem letra. Em 1909, foi realizado um concurso para a escolha da letra. Venceu a do poeta Osório Duque Estrada. Finalmente estava pronto o Hino Nacional Brasileiro.

ESTRADA

Com régua e caneta, risque um retângulo de 18 x 14 cm em um pedaço de papelão e recorte. Faça as curvas da estrada usando tampa de panela, prato ou outros objetos redondos para riscar o papelão antes de recortar. Para as curvas internas, use objetos redondos menores, como um copo, por exemplo.

Confira com atenção as medidas para a curva se encaixar bem nas partes retas da estrada. Depois de papietar, pinte a estrada de preto, para imitar asfalto, e as faixas – divisória das pistas e de pedestre – de branco. *A quantidade de peças vai depender do tamanho que você escolher para a sua estrada.*

SINAIS SONOROS

Os guardas de trânsito usam o apito para orientar o tráfego com sinais sonoros.

Conheça alguns:
1 apito breve = atenção, siga;
2 apitos breves = pare!;
1 apito longo = reduza a marcha.

4 de outubro

Dia mundial dos animais

Sabe por que foi criado o dia mundial dos animais? Para a gente nunca esquecer que eles são seres vivos como nós, que sentem dor, frio, medo, tristeza, fome. E de que sua sobrevivência e seu bem-estar dependem do nosso respeito, cuidado e proteção.

Outras datas do mês

- 4 Dia da natureza
- 12 Dia de Nossa Senhora Aparecida, padroeira do Brasil
- 12 Dia da criança
- 15 Dia do professor
- 16 Dia mundial da alimentação
- 31 Dia das bruxas

Material

- ✓ papelão fino

Faça seus animais-dedoches

COMO FAZER

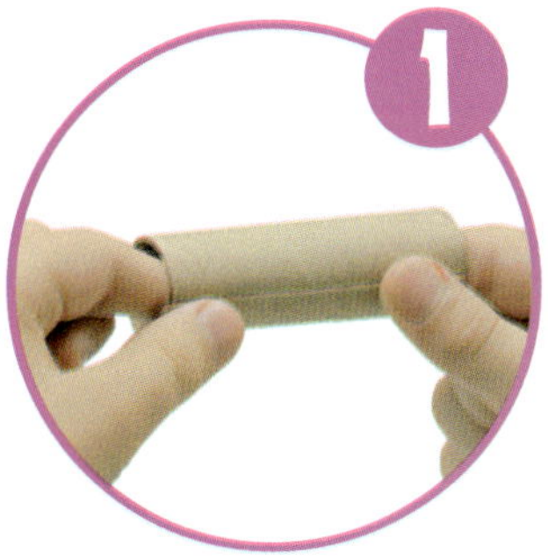

Corte um pedaço de papelão de 8 x 8 cm. Enrole e encaixe no seu dedo, para formar o corpo do personagem (não aperte muito, para não atrapalhar na hora de brincar). Use como referência o dedo mais grosso e depois teste em todos.

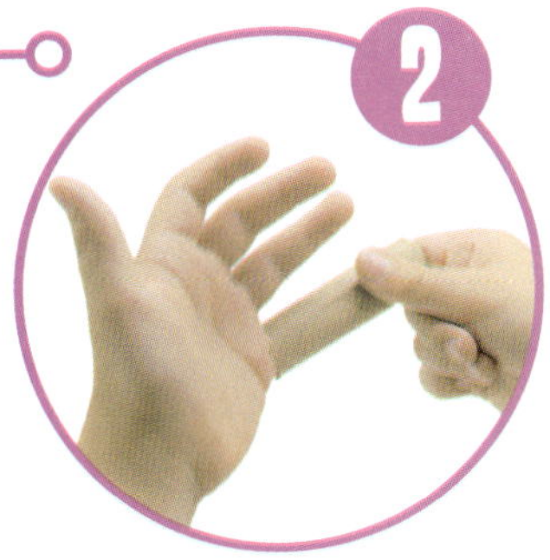

Quando estiver na medida certa, retire o canudo do dedo sem desenrolar.

Cole com fita-crepe.

Coloque o canudo em cima de um pedaço de papelão e trace seu contorno.

Recorte a área marcada.

Encaixe o círculo de papelão em um dos furos do canudo e cole com fita-crepe, onde será a cabeça.

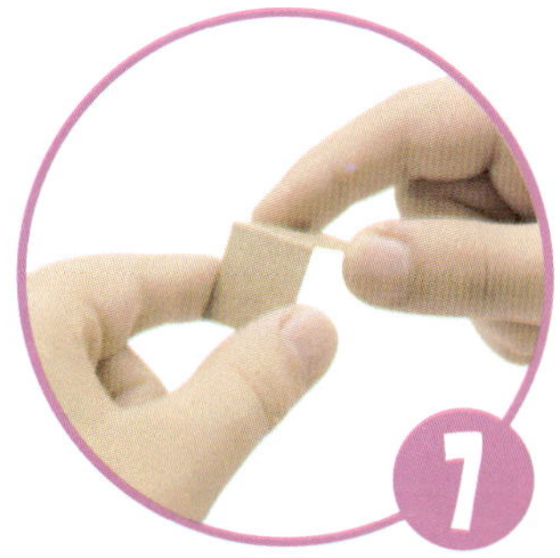

Até este ponto, as instruções valem para todos os dedoches. Agora, como escolhemos fazer a ave, vamos começar pelo bico. Recorte um pedaço de papelão de 4 x 2 cm e dobre-o ao meio.

A VOZ DOS BICHOS

O homem fala, e os bichos?

boi — muge
cabra — berra
cachorro — late ou ladra
cavalo — relincha
galinha — cacareja
gato — mia
grilo — cricrila
leão — ruge
lobo — uiva
pássaro — gorjeia ou pia
pato — grasna
porco — grunhe
sapo — coaxa

DIA DO PROFESSOR

O dia do professor foi instituído no Brasil em 1963. Escolheu-se 15 de outubro para celebrá-lo porque esse foi o dia em que Dom Pedro I assinou uma lei decretando a criação das escolas primárias no Brasil, em 1827. A profissão de professor é uma das mais antigas do mundo. Na Grécia, há mais de 2 mil anos, pessoas com conhecimentos eram contratadas por famílias de posses para ensinar seus filhos. Professores são muito importantes na vida de todo mundo. Não dá nem para imaginar como seria a humanidade se eles não existissem.

8

Neste pequeno pedaço de papelão dobrado, desenhe um triângulo equivalente a menos da metade do papelão e recorte, como mostra a foto.

Declaração Universal dos Direitos dos Animais

(Unesco, 1978)

✓ Todos os animais têm direito ao respeito e à proteção do homem.

✓ Nenhum animal deve ser maltratado.

✓ Todos os animais selvagens têm o direito de viver livres no seu habitat.

✓ O animal que o homem escolher para companheiro não deve ser abandonado.

✓ A poluição e a destruição do meio ambiente são considerados crimes contra os animais.

[...]

9

Cole as duas laterais, com fita-crepe.

10

Aperte levemente os lados que foram colados para formar o bico.

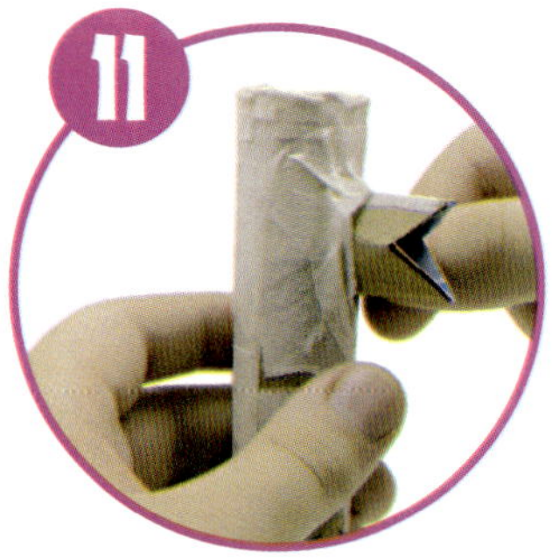

11

Fixe o bico com fita-crepe na cara do passarinho, uns 2 cm abaixo do topo da cabeça.

12

Em pedaços de papelão de 8 x 4 cm, desenhe e recorte as asas. Para elas ficarem iguais, você também pode desenhar em um papelão dobrado, assim, ao cortar, você já terá as duas asas.

13

Cole as asas com fita-crepe no meio do canudo, uma de cada lado.

14

Em um pedaço de papelão de 4 x 3 cm, desenhe e recorte o topete.

15

Agora cole o topete na cabeça com fita-crepe. Depois é só papietar. Com tinta e pincel, pinte o passarinho do jeito que desejar e faça também os olhos e as sobrancelhas. Está pronto!

A teia de aranha

Você sabia que um fio de teia de aranha é mais forte que um fio de aço? E imagine só: ele pode ser esticado até alcançar um terço a mais do seu tamanho!

22 de novembro

Dia da MÚSICA

Você sabe definir a música? Ela é uma combinação de sons e silêncios, que tem como finalidade criar ritmo e melodia. O ser humano inventou a música para expressar emoções, sentimentos. Não há povo que não tenha criado sua própria música.

Outras datas do mês

- **4** Dia do inventor
- **15** Dia da Proclamação da República
- **16** Dia mundial da tolerância
- **19** Dia da Bandeira Nacional
- **20** Dia nacional da consciência negra

Faça seu violão

Materiais

- 1 pote plástico redondo de 14 cm de diâmetro (sem tampa)
- 1 pote plástico redondo de 10 cm (sem tampa)
- 1 régua de 30 cm
- fios de náilon
- 6 palitos para sanduíche
- papelão

COMO FAZER

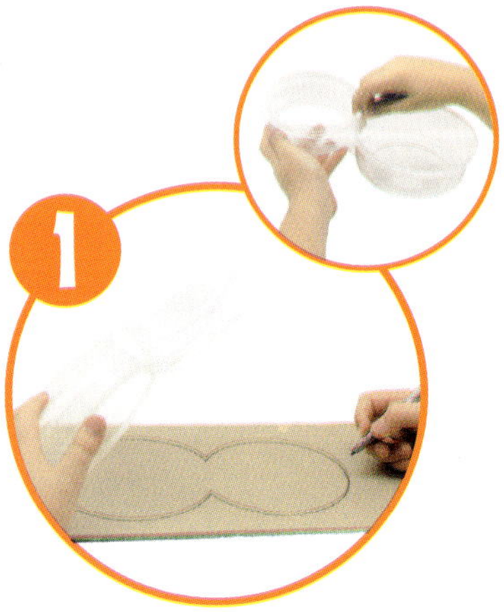

Pegue os dois potes plásticos e junte-os, lado a lado, com fita-crepe, como no detalhe. Contorne-os com lápis em dois pedaços de papelão. Depois, recorte cada um no traçado. Tome cuidado para não deixar as bordas tortas.

Para dar forma ao corpo do violão, una as duas partes recortadas aos potes, usando fita-crepe, uma em cima e outra embaixo. Depois recorte, como na foto, um círculo com 7 cm de diâmetro no papelão que cobre os potes na parte de cima, onde será a boca do violão. Esse recorte não precisa ficar centralizado, e sim próximo da união entre os dois potes.

Meça a altura entre o papelão de cima e o debaixo (veja no detalhe). Corte tiras de papelão nessa medida e cole com fita-crepe ao redor dos potes. Os pedaços de papelão devem ser curtos para poderem se moldar mais facilmente ao redor dos potes.

Agora, para fazer o braço do violão, cole a régua com fita-crepe, encostando uma das pontas na beira do círculo vazado (a boca do instrumento).

Para formar a cabeça do violão, risque dois retângulos de 6 x 9 cm em um pedaço de papelão e recorte-os. Depois corte as quatro pontinhas, como no detalhe. Cole, com fita-crepe, um dos retângulos em cima da ponta da régua, (o braço), invadindo-a por cerca de 4 cm. Cole o outro retângulo embaixo, na mesma posição do primeiro.

Para a pestana, fixe com cola branca um pedaço de papelão com a mesma largura da régua e 1 cm de altura entre a cabeça e o braço do violão. Faça seis pequenos cortes por onde passarão as "cordas".

INSTRUMENTOS AFRICANOS

Os africanos trouxeram para o Brasil vários instrumentos musicais, como a cuíca, o berimbau, o ganzá e o reco-reco (tipo este).

CONVERSA MUSICAL

Quando os colonizadores portugueses e os índios se encontraram aqui pela primeira vez, um não entendia o que o outro dizia, claro. Sabe como eles conseguiram "conversar"? Através da música. Veja o que conta Pero Vaz de Caminha na carta enviada ao rei Dom Manuel:

... E viemo-nos às naus, a comer, tangendo trombetas e gaitas, sem os mais constranger. E eles tornaram-se a sentar na praia, e assim por então ficaram. [...] Nesse dia, enquanto ali andavam, dançaram e bailaram sempre com os nossos, ao som de um tamboril nosso, como se fossem mais amigos nossos do que nós seus.

Lendas indígenas

Contam lendas tupi-guaranis que a música teria sido enviada pelos deuses porque eles estavam muito chateados com o silêncio entre os humanos. Já outros povos indígenas acreditavam que a música vinha do mundo dos sonhos.

7 Cole junto à boca do violão um retângulo de papelão um pouco mais largo que a régua – esse será o cavalete, que é o apoio do rastilho. Para o rastilho, cole novamente junto à boca do violão outro pedaço de papelão, com as mesmas medidas da pestana, e com seis pequenos furos, onde ficarão presos os fios.

8 Usando a ponta do palito de sanduíche, faça seis furos na cabeça do violão (três em cada lado). Como orientação, faça dois riscos seguindo a linha da régua, deixando para o lado de fora e entre os furos espaços de 2 cm.

9 Para os trastes do braço, recorte onze tiras de papelão com 0,5 cm de altura e com a mesma largura da régua. Cole-os no braço reduzindo os espaços das casas até a boca do violão (os intervalos começam com 2,5 cm e terminam com 0,5 cm). Faça a papietagem. Deixe secar e pinte do jeito que você achar mais bonito.

10 Depois de seco, passe os fios de náilon nos furos do cavalete, prendendo cada um com um nozinho duplo na ponta.

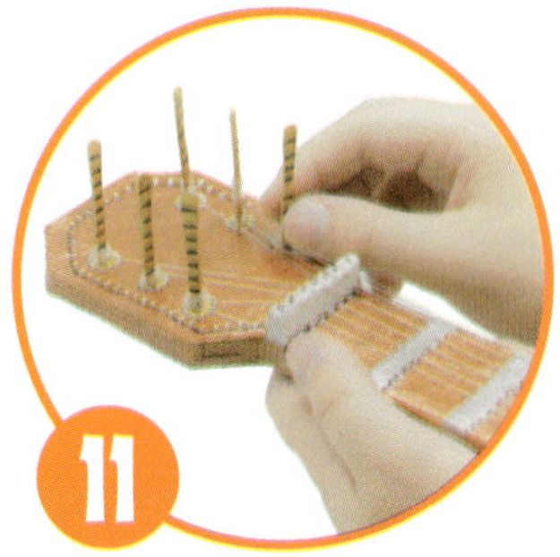

11 Enrole os fios nos palitos para sanduíche, que são as tarraxas do violão. Para isso, enlace o palito, dê um nozinho e enrole até as cordas ficarem bem esticadas. Depois, encaixe cada palito em um furo. Preste atenção na hora de alinhar os fios: eles deverão se encaixar certinho nos cortes da pestana. Está pronto o seu violão.

Notas musicais

A música nem sempre foi registrada de forma escrita. O primeiro a fazer isso foi o monge Guido d'Arezzo, no século IX, na Itália. Foi ele quem criou as sete notas musicais que conhecemos: dó, ré, mi, fá, sol, lá, si.

Violão

Sabe qual é o parente mais antigo do violão? Chamava-se *chelys* e surgiu na Grécia, há mais de 4 mil anos. Era feito com casco de tartaruga, coberto com couro de boi, e tripas de carneiro bem esticadas faziam as vezes de cordas.

Dia do Palhaço

Dezembro é mês de férias escolares, férias lembram diversão e diversão lembra: palhaços! Que tal aproveitar este tempo de descanso para colocar a criatividade e a imaginação para funcionar e aprender a fazer sua própria máscara de palhaço? Vamos lá!

Outras datas do mês

- **2** Dia do samba
- **3** Dia internacional das pessoas com deficiência
- **8** Dia da Justiça
- **8** Dia nacional da família
- **10** Dia internacional dos Direitos Humanos
- **10** Dia do palhaço
- **21** Início do verão
- **25** Natal

Faça sua máscara

Materiais

- ✓ 1 bexiga
- ✓ folhas de jornal
- ✓ fios de lã ou tirinhas de tecido
- ✓ elástico
- ✓ papelão

COMO FAZER

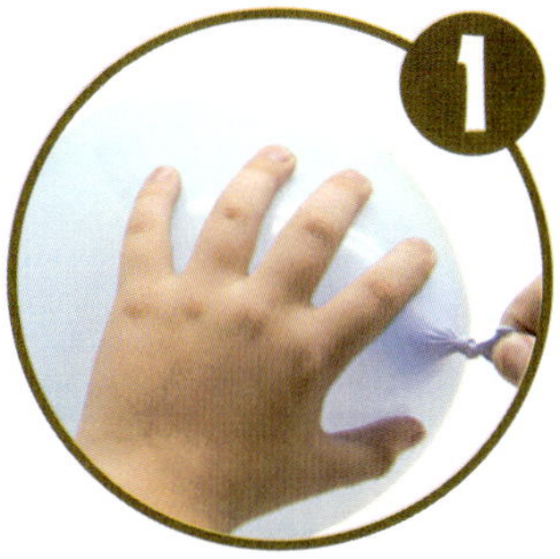

Encha a bexiga até ficar um pouco maior que a sua própria cabeça. Amarre bem para o ar não escapar. Com um pincel, passe cola em apenas um dos lados da bexiga (para formar o rosto da máscara).

Faça a papietagem com pequenos pedaços de jornal. Para ficar bem resistente, repita esta operação mais de uma vez. Não precisa esperar secar entre uma camada e outra.

Depois que o jornal estiver bem seco, estoure a bexiga para ela se desgrudar da máscara. A estrutura da sua máscara está pronta. Como exemplo, vamos fazer um palhaço.

Corte as sobras de jornal ao redor da máscara para dar melhor acabamento.

Marque o lugar dos olhos e faça um triângulo na altura do nariz.

Fure as áreas marcadas dos olhos com um lápis.

Recorte o triângulo onde ficará o nariz.

Para fazer o nariz, dobre um pedaço de papelão de 10 x 10 cm. Risque para formar dois triângulos e recorte.

TEATRO

Crie uma história bem legal e brinque com os personagens folclóricos do mês de agosto ou com os dedoches de animais de outubro. Invente, com seus amigos, uma voz característica para cada um, crie diálogos e situações engraçadas e divirta-se!

9

Para deixá-lo mais empinado, ou caído, você pode cortar as pontas, como no detalhe.

10

Cole o nariz com fita sobre o triângulo recortado.

11

Desenhe a boca e recorte.

12

Faça uma bolinha de papel de aproximadamente 3 cm de diâmetro e cole com fita-crepe na ponta do nariz do palhaço. A base do rosto está pronta. Agora é só papietar e pintar.

13

Com a máscara e os detalhes já pintados, faça as sobrancelhas para dar mais expressão ao personagem. Elas podem ser de tiras de papelão coladas ou pintadas acima dos olhos.

peteca

A Recorte tiras de garrafa PET com 1,5 cm de largura por 18 cm de comprimento.

B Embrulhe uma pequena porção de areia em um pedaço de plástico.

C Encaixe as tiras de PET no saquinho com areia e embrulhe com o tecido.

D Prenda tudo com um pedaço de barbante e recorte as sobras de tecido. Está pronto!

Do tempo da vovó

Confira algumas brincadeiras que vêm passando de geração em geração: pular corda, pega-pega, amarelinha, queimada, jogo de damas, dominó, bolinha de gude, pião, pipa, cabelo de alpiste, peteca, brinquedos de sucata...

Cabelo de alpiste

A Antes de plantar, divirta-se enfeitando o potinho (pode ser uma lata de extrato de tomate, de milho verde ou uma embalagem de iogurte). Invente uma cara bem engraçada para seu personagem cabeludo. Encape a latinha envolvendo-a num pano ou papel e colando algumas bugigangas para fazer boca, nariz e olhos.

B Agora, encha o pote com terra e espalhe um pouco de alpiste por cima.

C É preciso regar o alpiste uma vez ao dia. Em dois dias já se percebe os "fios de cabelo" nascendo, todos arrepiados!

14 Agora os cabelos. Pegue vários fios de lã ou tirinhas de tecido, divida em duas partes e amarre cada uma com um pedaço de lã ou barbante, deixando uma sobra de fio, como no detalhe.

15 Para prender os cabelos na máscara, faça um furo de cada lado e passe a lã ou barbante que você usou para amarrar os cabelos. Puxe para ficar bem junto à cabeça e prenda com um nó firme.

16 Se preferir, corte o excesso de cabelo.

17 Por último, faça mais um furinho de cada lado da máscara, um pouco abaixo dos furos do cabelo, e amarre o elástico com que você a prenderá no seu rosto. Está pronta!

Para fazer outras máscaras, siga os mesmos passos, adaptando os detalhes.

Natal

No dia 25 de dezembro se comemora o nascimento de Jesus Cristo. Hoje, muitos povos, cristãos ou não, festejam a data como um dia de confraternização. Nos países do Ocidente, conta-se o ano número 1 a partir do nascimento de Cristo.

BRINCANDO DE FAZER BRINQUEDOS

Quando estou meio sem saber o que fazer, invento um brinquedo. É um jeito diferente de brincar. Já sou adulto, é verdade. Mas nunca deixei de ser criança (ainda bem!). Anos atrás, quando eu trabalhava em um jornal, comecei a explicar, no suplemento infantil, a construção de alguns desses brinquedos. A criançada adorou.

Aí pensei: "Vai ver que as crianças não fazem seus próprios brinquedos porque ninguém teve paciência de ensinar". Então, criei o site "Fábrica de brinquedos" (www.fabricadebrinquedos.com.br), para mostrar como é que um monte de cacarecos pode virar um brinquedo único e especial. E, como a fábrica fez e faz sucesso, a partir dela nasceu este livro. Quem sabe, um dia, a fábrica crie filiais em escolas de todo o Brasil? Como é, gostou da ideia?

Aqui, você vai aprender a fazer brinquedos com caixas de papelão, embalagens plásticas, etc. Você pode trabalhar sozinho ou chamar quem você quiser para ajudar. Basta ter criatividade, concentração e paciência. Os brinquedos não têm que ficar exatamente como esses. Aproveite as ideias diferentes que tiver. Assim, cada brinquedo vai ter a sua cara e será único mesmo. Depois que pegar o jeito, você vai querer inventar muitos e muitos outros. Agora, chega de blá-blá-blá e mãos à obra.

BOA DIVERSÃO!

O autor Ricardo Girotto nasceu em Araraquara (SP), em 3 de novembro de 1965. Quando criança, sonhava em ser ilustrador. Mais tarde, já grande e cursando Publicidade e Propaganda na faculdade, foi convidado para ser ilustrador em um jornal de Campinas (SP). A partir daí, Ricardo perdeu a conta de quantos desenhos já publicou em jornais, revistas e livros, entre eles, a coleção Castelo Rá-Tim-Bum (Cia. das Letrinhas), premiada com o HQMix 97 de ilustração infantil.